中等职业院校健康服务类示范专业建设配套教材

供职业院校康复治疗技术、中医康复技术、中医养生保健、
中医、护理、老年保健与管理等专业使用

康复评定技术实训指导

主　编　苏　萍　晋　松

副主编　袁松柏　沈音丽　郭　鸿

编　委　（按姓氏汉语拼音排序）

陈　丹（成都中医药大学附属医院针灸学校/四川省针灸学校）
陈　敏（成都中医药大学附属医院针灸学校/四川省针灸学校）
崔　宇（成都中医药大学附属医院针灸学校/四川省针灸学校）
郭　鸿（成都中医药大学附属医院）
何小英（成都中医药大学附属医院针灸学校/四川省针灸学校）
晋　松（成都中医药大学附属医院）
罗　欢（成都中医药大学附属医院针灸学校/四川省针灸学校）
沈音丽（成都中医药大学附属医院）
苏　萍（成都中医药大学附属医院针灸学校/四川省针灸学校）
苏小芳（成都中医药大学附属医院针灸学校/四川省针灸学校）
袁松柏（成都中医药大学附属医院针灸学校/四川省针灸学校）

科学出版社

北　京

内 容 简 介

本教材是成都中医药大学附属医院针灸学校（四川省针灸学校）按照国家级、省级示范专业建设需要编写的特色教材，是“康复评定技术”课程的配套实训教材，包含上篇和下篇两部分。上篇有 14 个项目，主要介绍人体形态、人体反射、心肺功能、感觉功能、运动功能、日常生活活动能力、盆底筛查等方面的内容，这是康复评定技术的基础。下篇有 7 个项目，主要围绕康复医学科常见病症的评定进行介绍，是康复评定技术的临床应用，体现了康复评定技术的重要性与临床价值。

本教材可供职业院校康复治疗技术、中医康复技术、中医养生保健、中医、护理、老年保健与管理等专业学生使用，也可作为临床康复工作者的参考用书。

图书在版编目（CIP）数据

康复评定技术实训指导 / 苏萍，晋松主编；袁松柏，沈音丽，郭鸿副主编. —北京：科学出版社，2022.6

中等职业院校健康服务类示范专业建设配套教材

ISBN 978-7-03-072197-6

Ⅰ. 康…　Ⅱ. ①苏…　②晋…　③袁…　④沈…　⑤郭…　Ⅲ. 康复评定-中等专业学校-教材　Ⅳ. R49

中国版本图书馆 CIP 数据核字（2022）第 075138 号

责任编辑：王昊敏 / 责任校对：杨　赛

责任印制：赵　博 / 封面设计：蓝正设计

科学出版社 出版

北京东黄城根北街 16 号

邮政编码：100717

http：//www.sciencep.com

北京汇瑞嘉合文化发展有限公司 印刷

科学出版社发行　各地新华书店经销

*

2022 年 6 月第　一　版　开本：787×1092　1/16

2022 年 6 月第一次印刷　印张：6 1/2

字数：185 000

定价：79.80 元

（如有印装质量问题，我社负责调换）

前　言

《康复评定技术实训指导》是成都中医药大学附属医院针灸学校（四川省针灸学校）按照国家级、省级示范专业——中医康复保健专业的建设需要，根据《国家职业教育改革实施方案》《职业院校教材管理办法》等文件精神，以中医康复行业岗位职业技能需要为基础构架编写的特色教材，也是"康复评定技术"课程的配套实训教材。本教材突出技能实训操作，规范操作体位、操作技术、操作流程等，以提高康复评定技术的规范性和科学性。本教材的内容和设计遵从职业教育专业设置与产业需求对接、课程内容与职业标准对接、教学过程与生产过程对接的原则，突出职业性、实用性、适用性，着眼培养实用型、高素质技术型的康复技术人才。

本教材可供职业院校康复治疗技术、中医康复技术、中医养生保健、中医、护理、老年保健与管理等专业学生使用。

全教材共分上下两篇，上篇为各类康复评定技术，每个实训均按照实训目的与要求、实训前准备、实训内容与方法、注意事项的顺序展开；下篇为康复医学科常见病症的评定技术，加入了典型病案和评定流程。本教材有以下主要特点：①针对学生学习情况的差异性和实训教学的授课特点，采用活页式装订方式，进行个性化教学；②紧密对接临床需求；③通过教材内容的衔接和贯通，实现与高等职业教育康复专业的有机衔接；④注重创新，设计新颖，图文并茂，配有同步教学视频、相关康复治疗题库等。读者可通过多种方式访问"中科云教育"平台获取数字化课程学习资源。

本教材编写成员主要包括该学科专业领域的教学一线教师、医院一线技术人员，具有丰富的教学、临床工作经验。文本编写分工：上篇由苏萍、袁松柏、何小英、崔宇、罗欢、苏小芳、陈敏、陈丹编写；下篇由晋松、郭鸿、沈音丽编写。

由于编者水平有限，教材中可能存在不足之处，恳请广大读者批评指正，提出宝贵意见，以便修正完善。

编　者

2022 年 1 月

配 套 资 源

欢迎登录“中科云教育”平台，**免费**数字化课程等你来！

本教材配有图片、视频、音频、动画、题库、PPT 课件等数字化资源，持续更新，欢迎选用！

“中科云教育”平台数字化课程登录路径

电脑端

- 第一步：打开网址 http://www.coursegate.cn/short/4YKHJ.action
- 第二步：注册、登录
- 第三步：点击上方导航栏“课程”，在右侧搜索栏搜索对应课程，开始学习

手机端

- 第一步：打开微信“扫一扫”，扫描下方二维码
- 第二步：注册、登录
- 第三步：用微信扫描上方二维码，进入课程，开始学习

目　　录

上篇　各类康复评定技术

下篇　康复医学科常见病症的评定技术

上篇

各类康复评定技术

实训一　人体形态评定技术

一、实训目的与要求

1. 素质目标

通过对人体形态评定技术的学习，了解人体形态学概念和人体测量方法，督促学生养成良好的行为习惯。

2. 知识目标

掌握人体形态评定的内容和评定时的注意事项。

3. 技能目标

学会人体姿势评定、人体测量和身高体重测量技术。

二、实训前准备

1. 环境

光线充足，通风良好，室温 22～25℃，湿度适宜，地面干净、防滑。

2. 物品准备

铅垂线、皮尺、体重测量秤、治疗床、治疗凳。

3. 人员准备

工作服干净整洁，妆容素雅，长发束扎，手部清洁，修剪指甲，勿佩戴饰物。

三、实训内容与方法

（一）姿势的评定

1. 侧面观

（1）体位：受检者光脚自然站立，两眼平视。

（2）检查方法：检查者从侧面观察受检者，如果目测发现姿势异常，可用铅垂线辅助检查。铅垂线通过的标志点为耳屏→肩峰→股骨大转子→膝关节前方（髌骨后方）→外踝前约 2cm。

（3）观察内容：从受检者的足部开始观察，足纵弓有无塌陷；踝关节有无屈曲挛缩；膝关节是否过伸展；注意髂前上棘与髂后上棘的位置关系，若髂前上棘高，提示骨盆后倾或髋骨向后旋转，若髂后上棘高，则提示骨盆前倾或髋骨向前旋转；腰椎前突是否增大；腹部是否突出；腰椎弯曲是否增大；躯干是否向前或向后弯曲；背部是否变圆、变平或驼背；头是否向前倾斜。

（4）正常所见：受检者的足纵弓正常，膝关节屈曲 0°～5°，髋关节中立位，骨盆无旋转，正常人脊柱从侧面观察有四个生理性弯曲，耳屏、肩峰、股骨大转子、膝、踝在同一条与地面垂直的线上。

2. 后面观

（1）体位：受检者光脚自然站立，两眼平视。

（2）检查方法：检查者从后面观察受检者，如果目测发现姿势异常，可用铅垂线辅助检查。铅垂线通过的标志点为枕骨粗隆→脊柱棘突→臀裂→双膝关节内侧中心→双踝关节内侧中心。

（3）观察内容：从受检者的足部开始观察，有无足内外翻、扁平足；双侧胫骨是否同高，胫骨是否弯曲；膝关节有无内外翻；双侧腓骨头高度是否一致；双侧股骨大转子是否同高；观察骨盆，双侧髂嵴是否在同一高度；脊柱有无侧弯；双侧肩胛骨是否与脊柱距离相等，是否同高；头颈部有无偏斜或旋转。

（4）正常所见：受检者的跟骨底与跟腱在同一条与地面垂直的线上，双侧内踝高度一致，胫骨无弯曲，双侧腘窝在同一水平线上，股骨大转子和臀纹同高，双侧骨盆同高，脊柱无侧弯，双侧肩峰、肩胛下角平行，头颈无侧斜或旋转。

3. 前面观

（1）体位：受检者光脚自然站立，两眼平视。

（2）检查方法：检查者从前面观察受检者，如果目测发现姿势异常，可用铅垂线辅助检查。铅垂线通过的标志点为额正中→鼻尖→喉结→两乳连线中点→肚脐→髂前上棘连线中点。

（3）观察内容：从受检者的足部开始观察，有无足内翻、扁平足、踇外翻；胫骨有无弯曲，左右腓骨头、左右髌骨是否同高，是否有膝关节反张、膝内外翻；检查者双手放在受检者双侧髂嵴上观察骨盆是否对称。如果脊柱弯曲，观察肋弓是否左右高低不平，脊柱旋转的角度和侧方隆起。观察肩锁关节和胸锁关节是否等高；头颈部有无倾斜。

（4）正常所见：受检者的双足内侧对称；双侧腓骨头、髌骨位于正前方，高度一致；胫骨有弯曲；髂前上棘在同一高度水平；肩锁关节、锁骨和胸锁关节等高并对称，肋弓对称；肩峰等高，斜方肌发育对称；双眼平视前方，两侧耳屏上缘和眶下缘中点处同一面上；头颈立直。

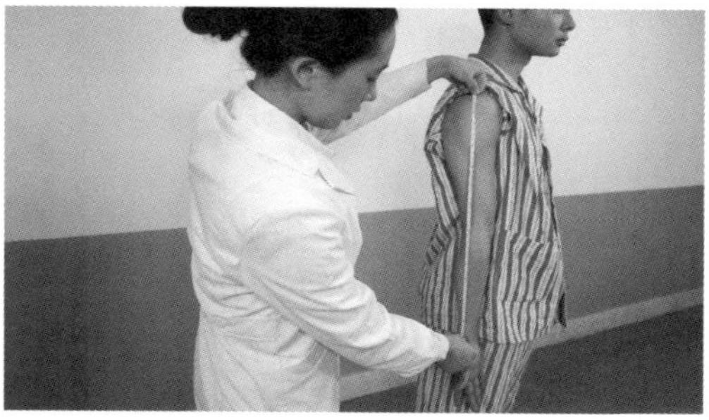

图 1-1 上肢绝对长度测量

（二）人体测量

1. 肢体长度的测量

（1）上肢长（图 1-1）

体位：受检者坐位或立位，上肢在体侧自然下垂，肘关节伸展，前臂旋后，腕关节中立位。

测量：相对长度为第 7 颈椎棘突至中指尖的距离。绝对长度为从肩峰外侧端到桡骨茎突或中指尖的距离。

读数：精确到毫米。

记录：测量数值+单位，如 65.5cm 或 655mm。

（2）上臂长（图 1-2）

体位：受检者坐位或立位，上肢在体侧自然下垂，肘关节伸展，前臂旋后，腕关节中立位。

测量：相对长度为肩峰至尺骨鹰嘴的距离。绝对长度为从肩峰外侧端到肱骨外上髁的距离。

读数：精确到毫米。

记录：测量数值+单位，如 29.0cm 或 290mm。

（3）前臂长（图 1-3）

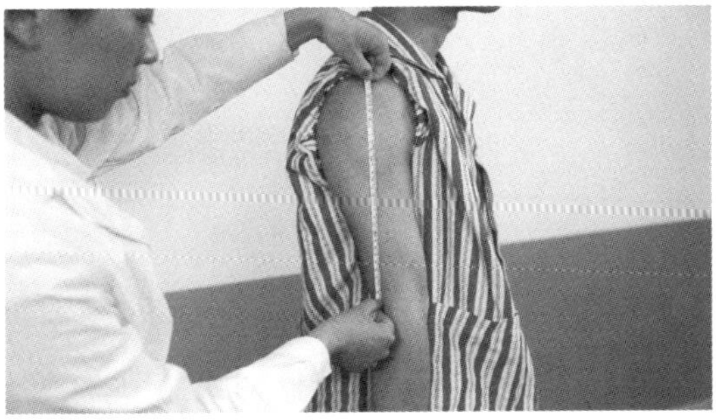

图 1-2　上臂绝对长度测量

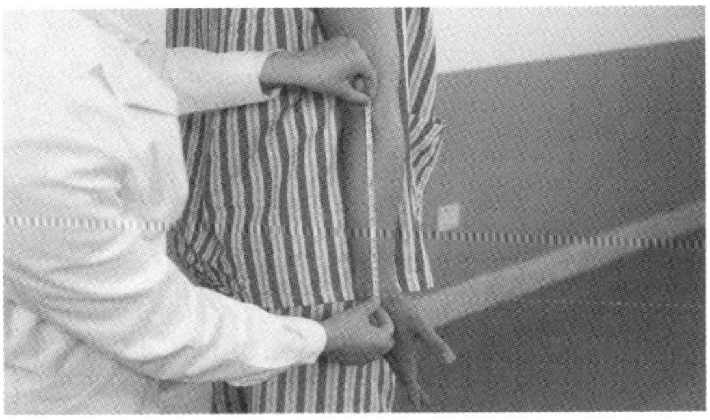

图 1-3　前臂绝对长度测量

体位：受检者坐位或立位，上肢在体侧自然下垂，肘关节伸展，前臂旋后，腕关节中立位。

测量：相对长度为从肱骨外上髁到桡骨茎突的距离。绝对长度为尺骨鹰嘴到尺骨茎突的距离。

读数：精确到毫米。

记录：测量数值+单位，如 24.0cm 或 240mm。

（4）手长（图 1-4）

体位：受检者手呈手指伸展位。

测量：从桡骨茎突与尺骨茎突的连线中点（掌侧面连线的中点）到中指指尖的距离。

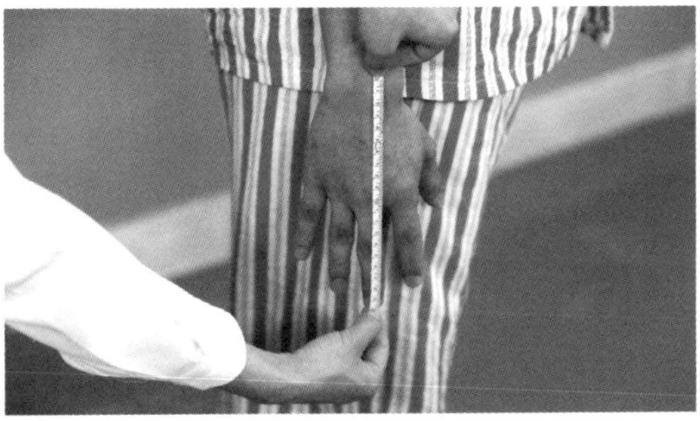

图 1-4　手长度测量

读数：精确到毫米。

记录：测量数值+单位，如 17.5cm 或 175mm。

（5）下肢长（图 1-5）

体位：受检者仰卧位，骨盆水平，下肢伸展，置髋关节于中立位。

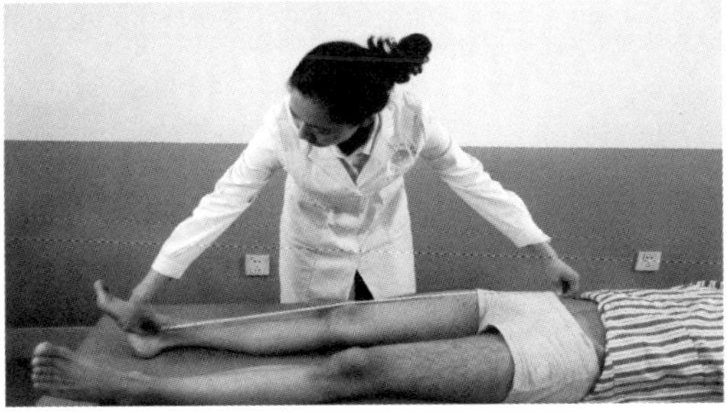

图 1-5　下肢绝对长度测量

测量：相对长度为从脐到内踝尖的距离。绝对长度为从髂前上棘到内踝的最短距离，或股骨大转子到外踝的距离。

读数：精确到毫米。

记录：测量数值+单位。

（6）大腿长（图 1-6）

体位：受检者仰卧位，骨盆水平，下肢伸展，置髋关节于中立位。

测量：相对长度为髂前上棘到股骨外侧髁的距离。绝对长度为从股骨大转子到膝关节外侧关节间隙的距离或坐骨结节到股骨外上髁的距离。

读数：精确到毫米。

记录：测量数值+单位。

（7）小腿长（图 1-7）

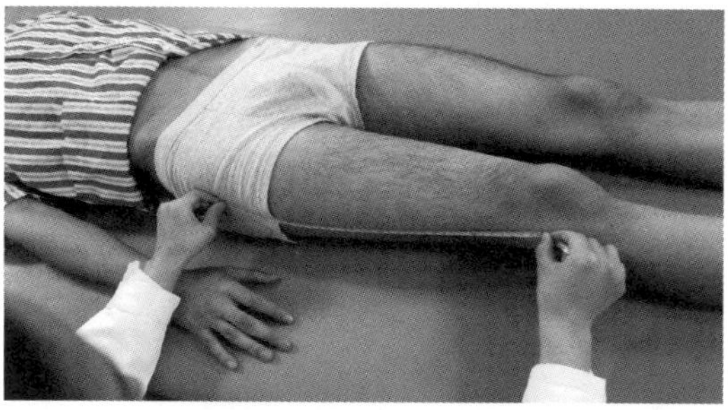

图 1-6 大腿绝对长度测量

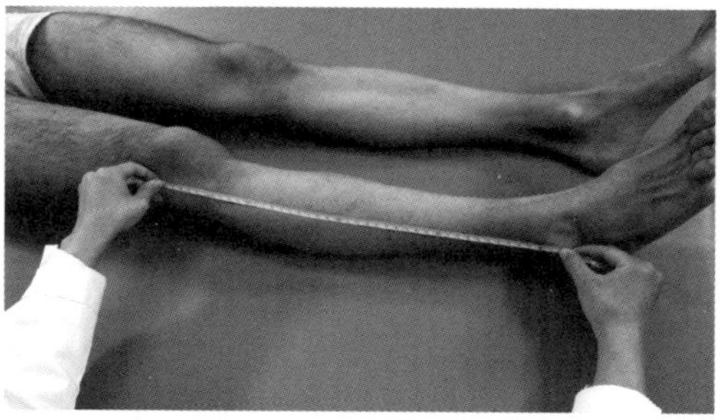

图 1-7 小腿长度测量

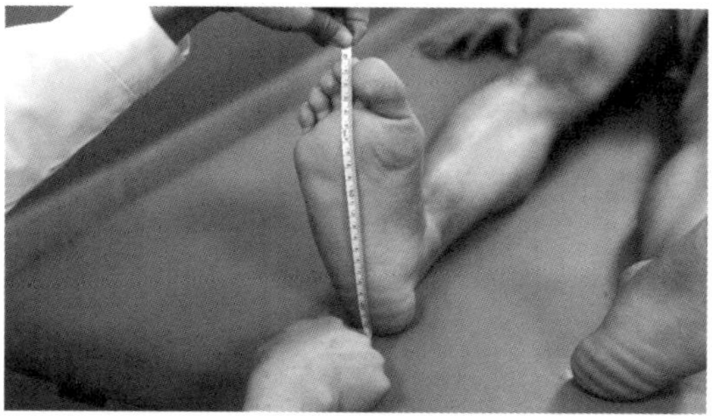

图 1-8 足长测量

体位：受检者仰卧位，骨盆水平，下肢伸展，髋关节中立位。

测量：从膝关节外侧间隙到外踝的距离或股骨外上髁到外踝的距离。

读数：精确到毫米。

记录：测量数值+单位。

（8）足长（图 1-8）

体位：受检者将踝关节置于中立位。

测量：从足跟末端到第二趾末端的距离。

读数：精确到毫米。

记录：测量数值+单位。

2. 肢体围度的测量

（1）上臂围度（图 1-9）

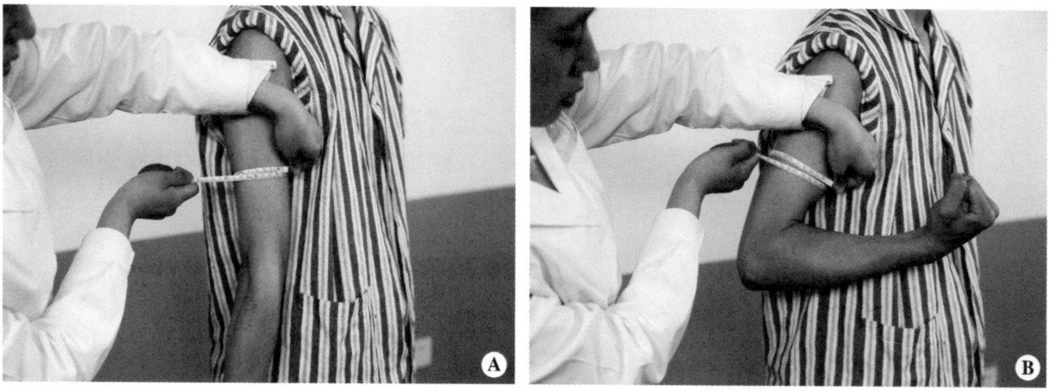

图 1-9 上臂围度测量

A. 肘伸展位的上臂围度测量；B. 肘屈曲位的上臂围度测量

体位：受检者分别取肘伸展位和肘屈曲位。

测量：上臂中部肱二头肌最大膨隆处的围度，一般取肘伸展位和肘屈曲位各测量一次的平均值。

读数：精确到毫米。

记录：测量数值+单位。

（2）前臂围度（图 1-10）

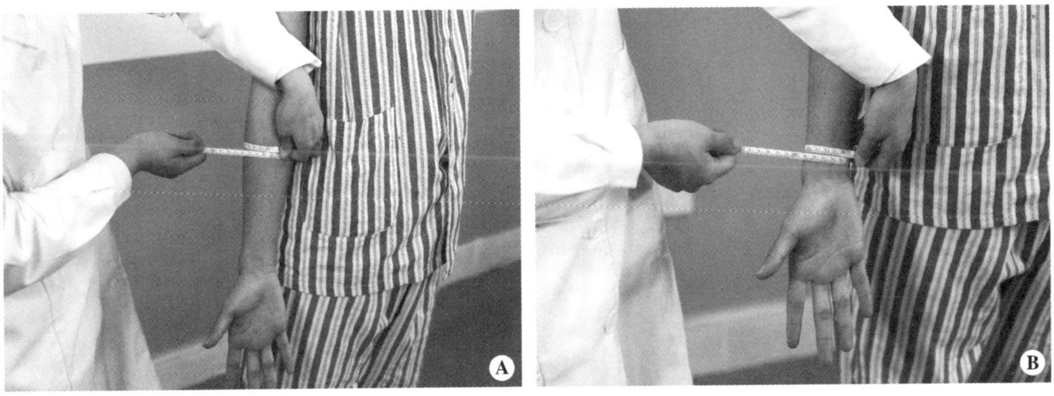

图 1-10　前臂围度测量

A. 前臂最粗围度测量；B. 前臂最细围度测量

体位：受检者前臂在体侧自然下垂。

测量：前臂近侧端最大膨隆（最粗）处和前臂远端最细处的围度，分别记录为前臂最大围度和前臂最小围度。

读数：精确到毫米。

记录：测量数值+单位。

（3）大腿围度（图 1-11）

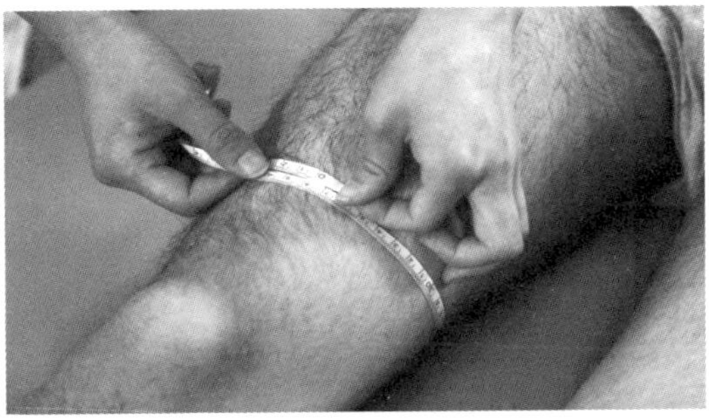

图 1-11　大腿围度测量

体位：受检者下肢稍外展，膝关节伸展位。

测量：测髌骨上方 10cm 处的围度或从髌骨上缘起向大腿中段取 6cm、8cm、10cm、12cm 处的围度，记录结果时应注明测量的部位。

读数：精确到毫米。

记录：测量部位+测量数值+单位。

（4）小腿围度（图 1-12）

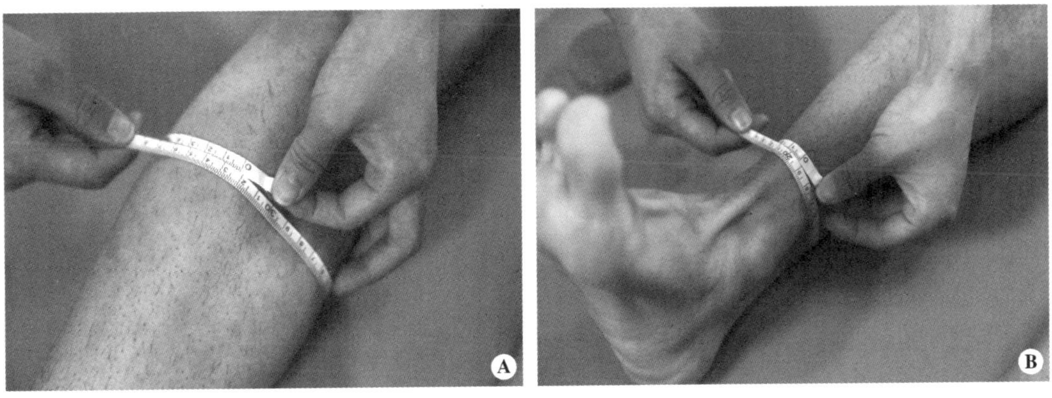

图 1-12　小腿围度测量

A. 小腿最粗围度测量；B. 小腿最细围度测量

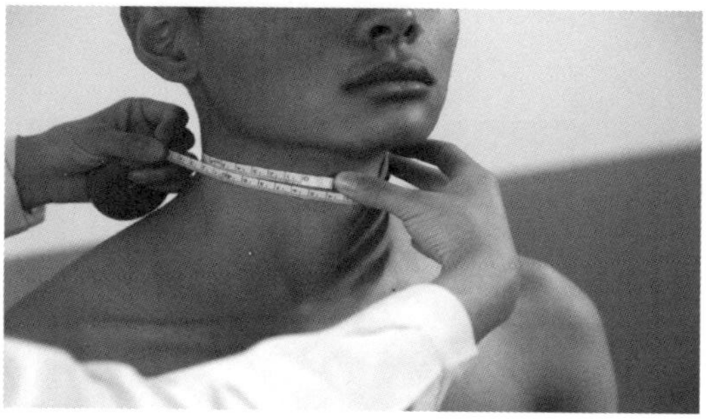

图 1-13 颈围测量

体位：受检者下肢稍外展，膝关节伸展位。

测量：测小腿最粗处和内、外踝上方最细处的围度。

读数：精确到毫米。

记录：测量数值+单位。

3. 躯干围度的测量

（1）颈围（图 1-13）

体位：受检者取立位或坐位，上肢在体侧自然下垂。

测量：通过喉结处的围度，注意皮尺应与地面平行。

读数：精确到毫米。

记录：测量数值+单位。

（2）胸围（图 1-14）

体位：受检者取立位或坐位，上肢在体侧自然下垂。

测量：通过乳头上方和肩胛骨下角的下方，绕胸一周，注意皮尺应与地面平行；对乳房较大的女性，可在乳头稍高处测量，在深呼气末和深吸气末各测一次，取平均值。

读数：精确到毫米。

记录：测量数值+单位。

（3）腹围（图 1-15）

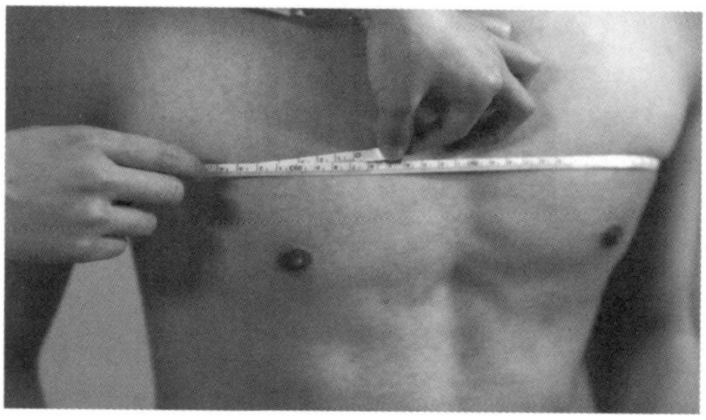

图 1-14 胸围测量

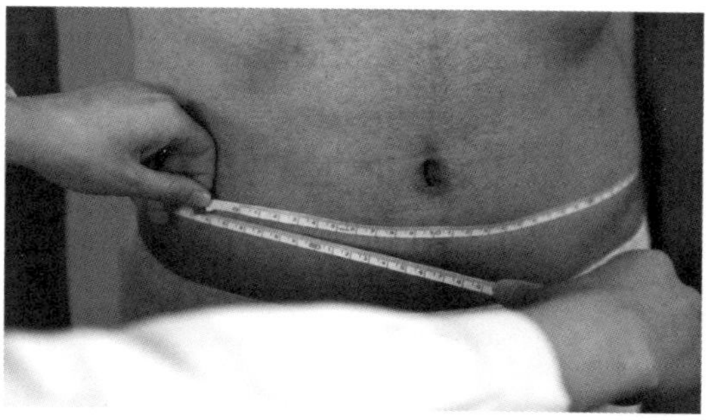

图 1-15 腹围测量

体位：受检者取立位或坐位，上肢在体侧自然下垂。

测量：通过脐或第 12 肋骨的下缘和髂前上棘连线中点的围度，注意皮尺应与地面平行。

读数：精确到毫米。

记录：测量数值+单位。

（4）臀围（图 1-16）

体位：受检者取立位，上肢在体侧自然下垂。

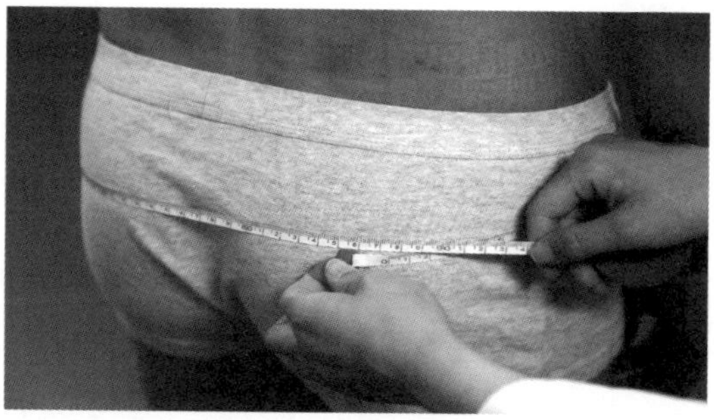

图 1-16 臀围测量

测量：通过股骨大转子和髂前上棘连线中间臀部最粗处的围度，注意皮尺应与地面平行。

读数：精确到毫米。

记录：测量数值+单位。

（三）身高、体重的测量

1. 身高的测量

体位：受检者光脚，足跟并拢，足尖打开呈 60°，头正、颈直、挺胸、收腹、双下肢伸直。

测量：足底至头顶的垂直距离。

读数：精确到厘米。

记录：测量数值+单位。

2. 体重的测量

测量受检者的体重，计算出受检者的体重指数（BMI）。BMI=体重/身高^2（kg/m^2）。

四、注意事项

1. 受检者需充分暴露待测量部位，测量身高时光脚自然站立，两眼平视。
2. 同一体位，同一测量部位，应先测量健侧，再测量患侧。
3. 测量女性的躯干围度时，需征得受检者同意，并有女性医护人员或家属陪同。

实训二　人体反射（生理、病理反射）评定技术

一、实训目的与要求

1. 素质目标

通过对人体生理、病理反射评定技术的学习，建立对康复评定技术的初步认识，帮助学生建立正确的康复思维。

2. 知识目标

掌握常用的生理、病理反射的临床意义和评定时的注意事项。

3. 技能目标

学会常用的生理、病理反射的评定技术。

二、实训前准备

1. 环境

光线充足，通风良好，室温 22～25℃，湿度适宜，地面干净、防滑。

2. 物品准备

棉签、钝针、叩诊锤、一次性手套、治疗床、治疗凳。

3. 工作人员准备

工作服干净整洁，妆容素雅，长发束扎，手部清洁，修剪指甲，勿佩戴饰物。

三、实训内容与方法

（一）生理反射

1. 角膜反射（图 2-1）

体位：受检者取坐位或者仰卧位，头置正中，向内上方注视。

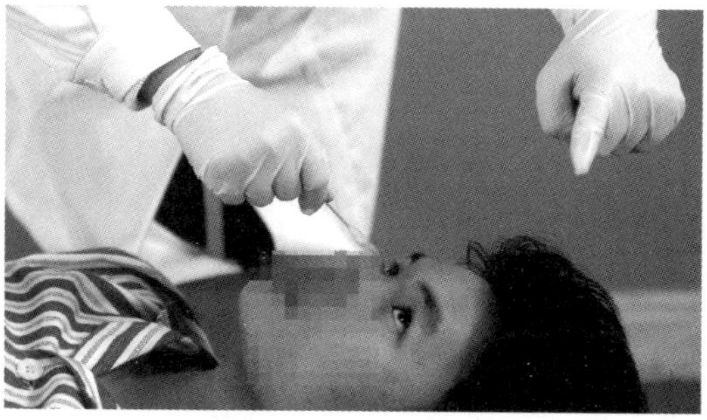

图 2-1　角膜反射

刺激：检查者用棉签在角膜外轻触受检者的角膜。

临床表现：正常时可见受检者眼睑迅速闭合，刺激侧眼睑闭合为直接角膜反射；对侧眼睑闭合则为间接角膜反射。异常时受检者眼睑无法闭合。

临床意义：直接与间接角膜反射皆消失，见于受刺激侧三叉神经损害；直接角膜反射消失，间接角膜反射存在，见于受刺激

侧面神经损害；直接角膜反射存在，间接角膜反射消失，见于受刺激对侧面神经损害；角膜反射完全消失，见于深昏迷患者。

注意事项：使用的棉签棉絮质地要柔软，可将其捻成细束；检查过程中嘱受检者不要揉搓眼睛，以免妨碍检查者观察。

2. 腹壁反射（图 2-2）

体位：受检者取仰卧位，膝关节屈曲，呈膝立位以使腹壁松弛。

刺激：检查者用棉签（或钝针）由外向内快速轻划受检者腹壁上部（沿肋缘自上而下轻划腹壁）、中部（由腹外侧沿脐水平向脐部划去）、下部（由下腹部外侧划向耻骨联合）皮肤。

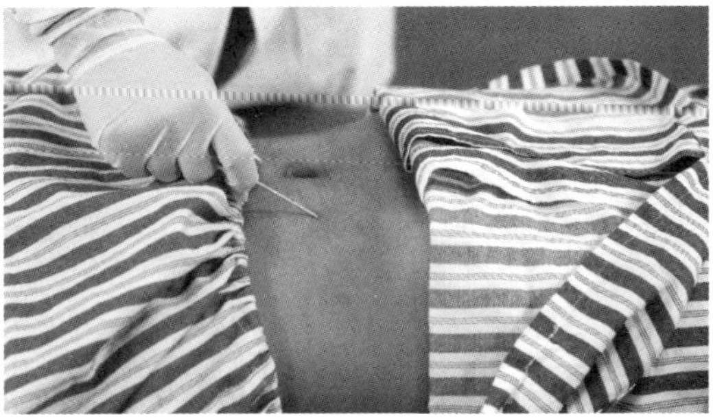

图 2-2　腹壁反射

临床表现：正常时可见同侧局部腹壁肌收缩，异常时腹壁肌肉收缩不明显或者不收缩。

临床意义：一侧腹壁反射减弱或消失，见于锥体束损害，如一侧大脑半球病变、多发性硬化等。一侧腹壁反射亢进，见于偏侧舞蹈症。双侧腹壁反射亢进，见于帕金森病、亨廷顿病等锥体外系统疾病，偶见于精神紧张或神经质者。双侧腹壁反射减弱或消失，多无病理意义，可见于老年人、经产妇、腹壁脂肪过多、腹壁松弛或某些腹腔疾患，如腹膜炎、腹水等。

注意事项：腹部有严重损伤的受检者不适合进行腹壁反射检查。

3. 跖反射（图 2-3）

体位：受检者取仰卧位，髋关节及膝关节伸直。

刺激：检查者以手持受检者踝部，用叩诊锤锐端轻划受检者足底外侧缘，从足跟向前划至近小跖趾关节处转向踇趾侧。

临床表现：正常反应为足趾呈跖屈。异常反应为踇趾背屈，其余四趾呈扇形外展。

临床意义：正常为反射弧完整；异常为反射减弱或消失，提示反射弧有损害，大脑对脊髓的抑制作用解除，常见于腰骶髓病变者。

注意事项：检查时注意力度不宜过大，以免戳伤受检者。

4. 肱二头肌反射（图 2-4）

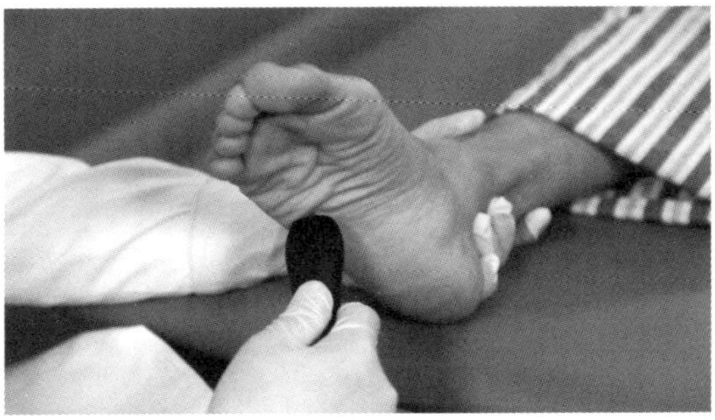

图 2-3　跖反射

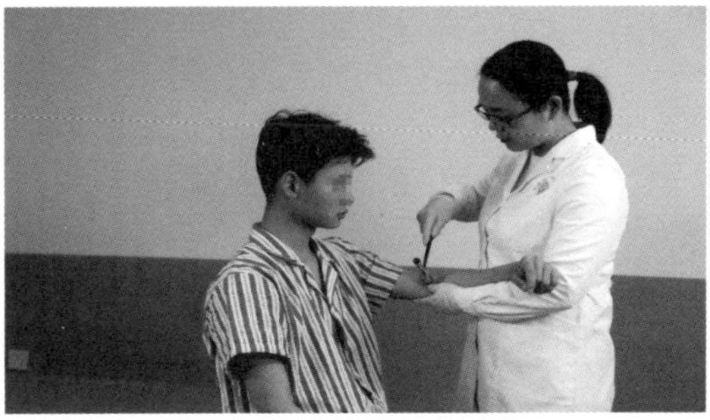

图 2-4　肱二头肌反射

体位：受检者取仰卧位或坐位，前臂半屈曲内旋，肌肉放松。

刺激：检查者一手托起受检者一侧肘部，并将左手拇指置于受检者的肱二头肌肌腱上。检查者右手持叩诊锤叩击自己的左手拇指。

临床表现：正常反应为肱二头肌收缩，前臂快速屈曲；异常反应为反射减弱或亢进。

临床意义：正常为反射弧完整；反射弧的任何部分中断都会导致反射减弱，反射弧未中断而锥体束受损可导致反射亢进。

注意事项：检查时受检者要放松手臂。

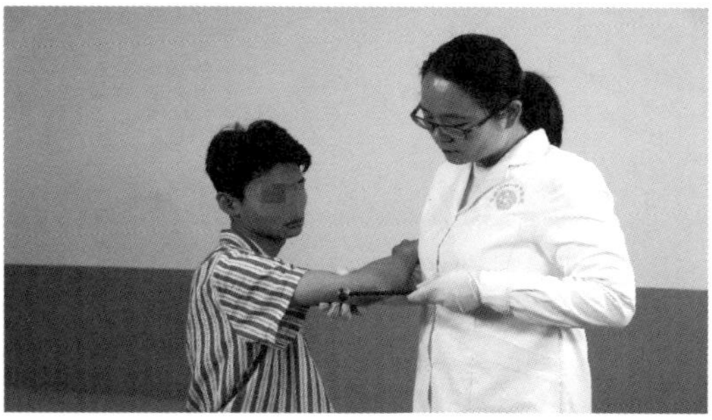

图 2-5 肱三头肌反射

5. 肱三头肌反射（图 2-5）

体位：受检者取坐位，前臂半屈曲内旋位。

刺激：检查者一手将受检者肘部稍托起，另一手持叩诊锤叩击受检者尺骨鹰嘴上方的肱三头肌肌腱。

临床表现：正常反应为肱三头肌收缩，前臂稍伸展。异常反应为反射减弱或者亢进。

临床意义：正常为肱三头肌肌腱反射的反射弧完整；反射弧的任何部分中断都会导致反射减弱，反射弧未中断而锥体束受损可导致反射亢进。

注意事项：检查时受检者要放松手臂。

6. 桡骨骨膜反射（图 2-6）

体位：受检者取坐位或仰卧位，一侧肘关节置于半屈位，前臂轻度旋前。

刺激：检查者一手轻托其前臂，另一手持叩诊锤轻叩受检者桡骨茎突上 2cm 处。

临床表现：正常反应为屈肘、前臂旋前；异常反应为反射减弱或者亢进。

临床意义：正常为桡骨骨膜反射的反射弧完整；反射弧的任何部分中断都会导致反射减弱，反射弧未中断而锥体束受损可导致反射亢进。

注意事项：检查时受检者要放松手臂。

7. 膝跳反射（图 2-7）

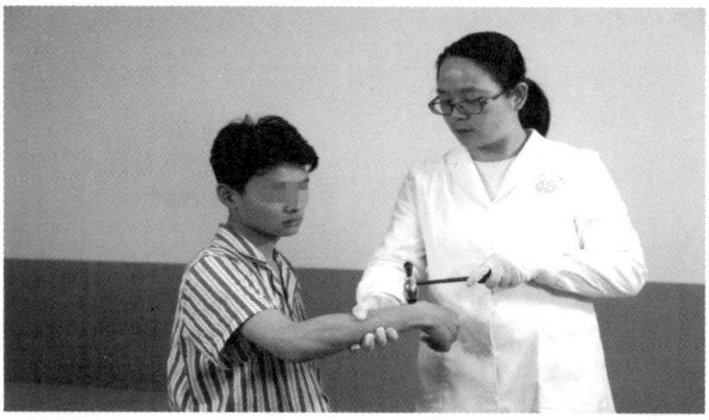

图 2-6 桡骨骨膜反射

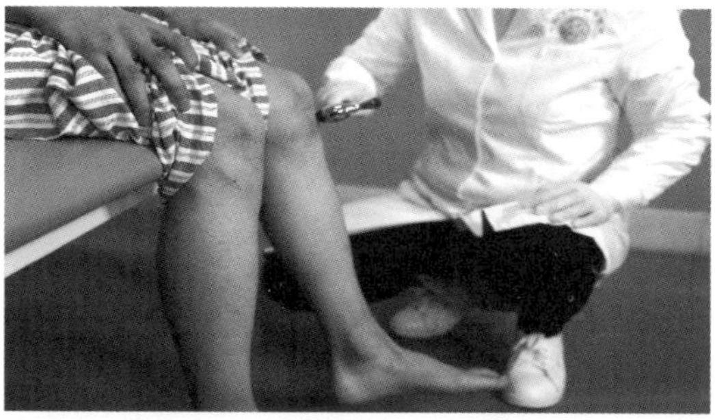

图 2-7 膝跳反射（坐位）

体位：受检者取坐位或仰卧位。坐位时，受检者小腿完全放松下垂，膝关节自然弯曲，足跟离地。仰卧位时，检查者用左手托起受检者一侧膝关节，足跟离床，使小腿屈曲呈 120°。

刺激：检查者用右手持叩诊锤叩击受检者髌骨下方的股四头肌肌腱。

临床表现：正常反应股四头肌收缩，小腿伸展；异常反应为股四头肌无收缩，反射减弱或者亢进。

临床意义：正常为反射弧完整，反射弧的任何部分中断都会导致反射减弱，反射弧未中断而锥体束受损可导致反射亢进。

注意事项：若受检者由于精神过于紧张，反射引不出时，可嘱受检者两手扣起，用力拉紧，再试即可。

8. 跟腱反射（踝反射）（图 2-8）

体位：受检者取仰卧位，髋关节及膝关节稍屈曲，下肢呈外旋外展位，检查者用左手轻托受检者足尖，轻向外上方用力，使足背屈曲呈直角。

刺激：检查者用右手持叩诊锤轻击受检者跟腱。

临床表现：正常反应为腓肠肌收缩，足向跖面屈曲；异常反应为反射减弱或亢进。

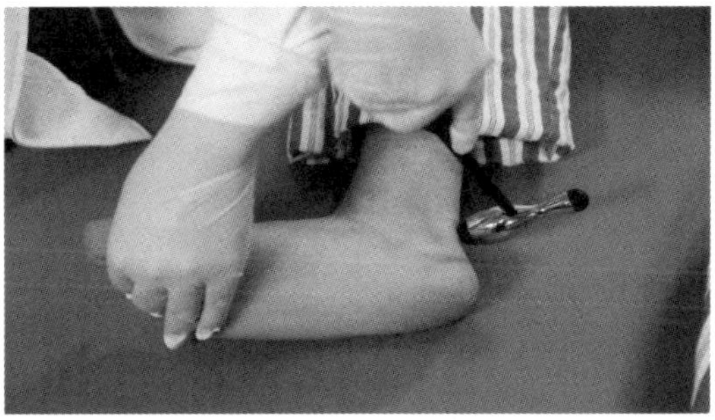

图 2-8　跟腱反射

临床意义：正常为反射弧完整；反射弧的任何部分中断都会导致反射减弱，反射弧未中断而锥体束受损可导致反射亢进。

注意事项：如卧位不能检出，可嘱受检者跪于椅面上，双足悬空，然后轻叩其跟腱，反应同前。

（二）病理反射

1. 巴宾斯基征（Babinski 征）（图 2-9）

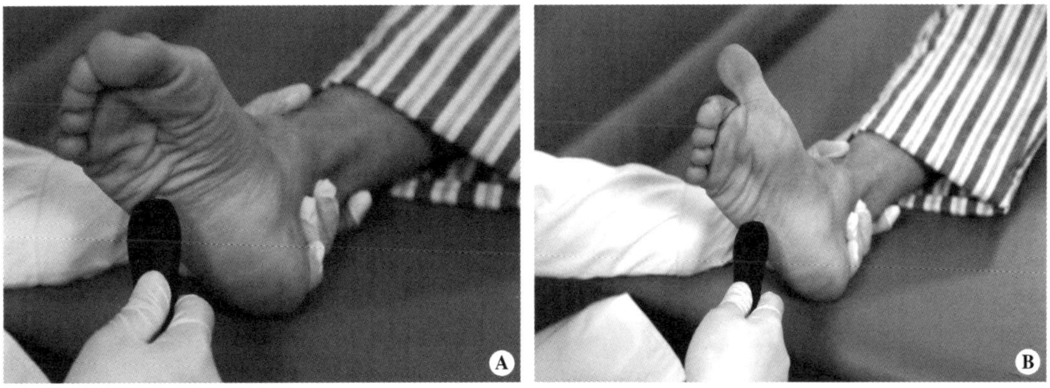

图 2-9　巴宾斯基征

A. 巴宾斯基征（阴性）；B. 巴宾斯基征（阳性）

体位：受检者取仰卧位，下肢伸直放松。

刺激：检查者握住受检者的踝部，用较尖的木柄或叩诊锤末端，自受检者足底跟部沿足底外侧缘向前划至小趾跖关节处并转向踇趾侧。

临床表现：足趾跖屈位为阴性。如出现足踇趾背伸，其余四趾呈扇形外展为阳性。

临床意义：阴性表现为正常；当锥体束损害或大脑皮质运动区功能障碍（如癫痫发作）时，高级中枢失去对脊髓的抑制作用即出现阳性表现。1 岁以下婴幼儿（因锥体束发育不全）及深睡、昏迷者也可出现阳性表现。

注意事项：检查者用木柄或叩诊锤末端由下至上、由外至内、自足底外侧缘由足跟部向前轻划皮肤，至足小趾处再转向内侧，直至足踇趾附近。

2. 奥本海姆征（推胫试验、Oppenheim 征）（图 2-10）

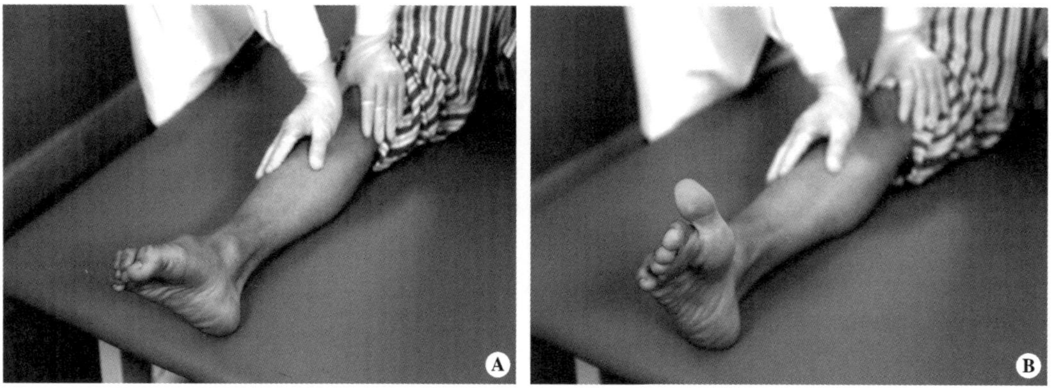

图 2-10 奥本海姆征

A. 奥本海姆征（阴性）；B. 奥本海姆征（阳性）

体位：受检者取仰卧位，双下肢伸直放松。

刺激：检查者握住受检者的踝部，用拇指和示指沿受检者胫骨前缘上端用力由上向下滑压至踝部。

临床表现和临床意义：同巴宾斯基征。

注意事项：2 岁以内的小儿奥本海姆征阳性是生理性的，由神经系统发育尚未完善所致。2 岁以上出现此征阳性需要注意，提示存在器质性脑部病变。

3. 戈登征（Gordon 征）（图 2-11）

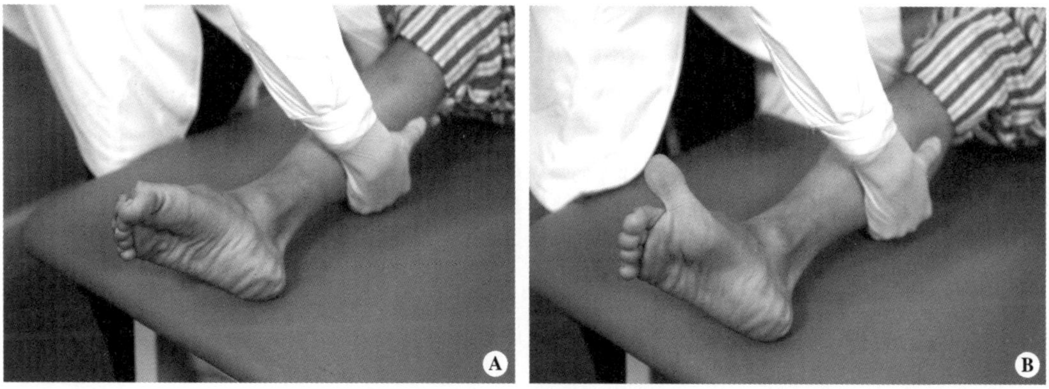

图 2-11 戈登征

A. 戈登征（阴性）；B. 戈登征（阳性）

体位：受检者取仰卧位，下肢伸直放松。

刺激：检查者左手稍抬起受检者膝关节，用右手以一定力量捏压受检者的腓肠肌。

临床表现和临床意义：同巴宾斯基征。

注意事项：检查者捏压受检者腓肠肌时，力度要适中，太大力会将受检者捏伤，太小力会影响检查结果。

4. 查多克征（Chaddock 征、足外踝征、划足外缘试验）

体位：受检者取仰卧位，下肢伸直放松。

刺激：检查者握住受检者踝部，用钝针或棉签由下至上、由外至内轻划足背外侧部皮肤。

临床表现和临床意义：同巴宾斯基征。

注意事项：检查者用钝针或棉签划动受检者足背皮肤时，力度要适中。

5. 霍夫曼征

体位：受检者取坐位或仰卧位。

刺激：检查者用左手持受检者腕部，右手中指和示指夹住受检者的中指，并稍向上提，使腕部处于轻度过伸位，其余手指轻度屈曲。检查者以拇指迅速弹刮受检者的中指指甲。

临床表现：无反应为阴性。如拇指内收其余各指屈曲为阳性。

临床意义：同巴宾斯基征。

注意事项：部分正常人可出现双侧对称性阳性，无诊断意义。

四、注意事项

1. 一次检查不宜过久，以免受检者疲劳，影响结果。

2. 不同部位感觉的灵敏度不同，故应注意双侧对比，检查时先刺激健侧，以其感觉为标准再刺激患侧。

3. 刺激的强度一般稍超过正常的刺激阈即可，不宜过强，双侧刺激强度尽量相同。

4. 为确定感觉障碍的程度，可用不同强度的刺激检查患肢。

实训三　人体反射（原始反射）评定技术

一、实训目的与要求

1. 素质目标

通过对人体原始反射评定技术的学习，认识并理解反射的时间特性，让学生理解神经反射发育的成熟过程。

2. 知识目标

掌握原始反射存在或消失的意义和评定时的注意事项。

3. 技能目标

学会常用的原始反射评定技术，并能根据评定结果判断受检者是否存在发育障碍。

二、实训前准备

1. 环境

光线充足，通风良好，室温 22～25℃，湿度适宜，地面干净、防滑。

2. 物品准备

一次性手套、婴儿模型、治疗床、治疗凳。

3. 工作人员准备

工作服干净整洁，妆容素雅，长发束扎，手部清洁，修剪指甲，勿佩戴饰物。

三、实训内容与方法

（一）脊髓水平的反射

1. 屈肌收缩反射（图 3-1）

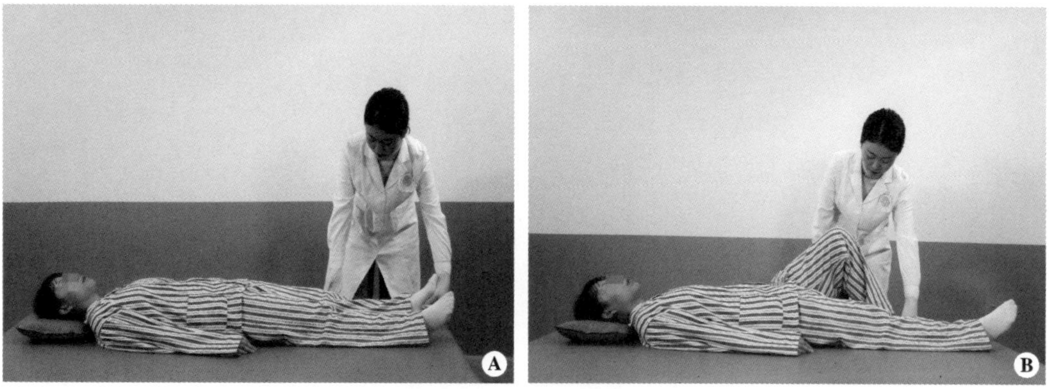

图 3-1　屈肌收缩反射

A. 屈肌收缩反射（阴性）；B. 屈肌收缩反射（阳性）

体位：受检者仰卧，头置正中，下肢伸展。

诱发刺激：刺激受检者一侧足底。

阴性反应：受刺激的下肢维持伸展或对刺激快速地退缩。

阳性反应：受刺激的下肢失去控制而屈曲（不要与挠痒相混淆）。

临床意义：出生后 2 个月内小儿出现阳性反应是正常的，此后仍存在阳性反性可能提示反射发育迟缓或上运动神经元损伤。

2. 伸肌伸展反射（图 3-2）

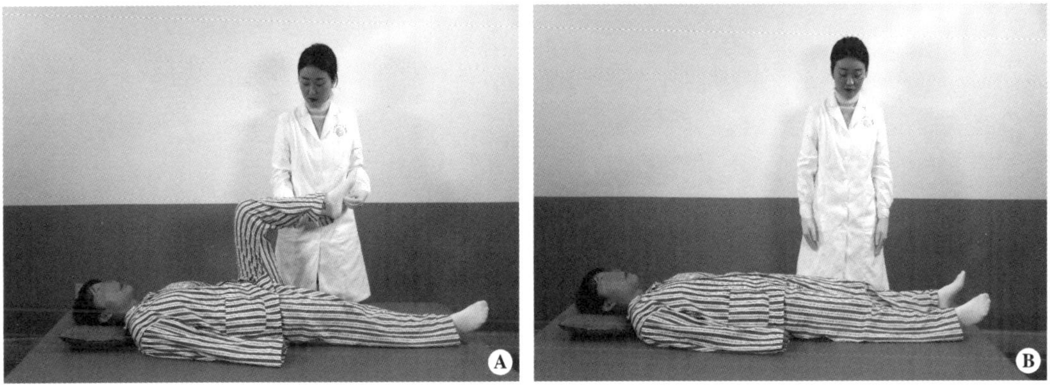

图 3-2　伸肌伸展反射

A. 伸肌伸展反射（阴性）；B. 伸肌伸展反射（阳性）

体位：受检者仰卧，头置正中，两下肢一侧伸直，另一侧屈曲。

诱发刺激：刺激受检者屈曲侧下肢的足底。

阴性反应：屈曲的下肢维持姿势不变。

阳性反应：屈曲的下肢失去控制而伸直（不要与挠痒相混淆）。

临床意义：出生后 2 个月内小儿出现阳性反应是正常的，此后仍存在阳性反性可能提示反射发育迟缓或上运动神经元损伤。

3. 第一种交叉伸展反射（图 3-3）

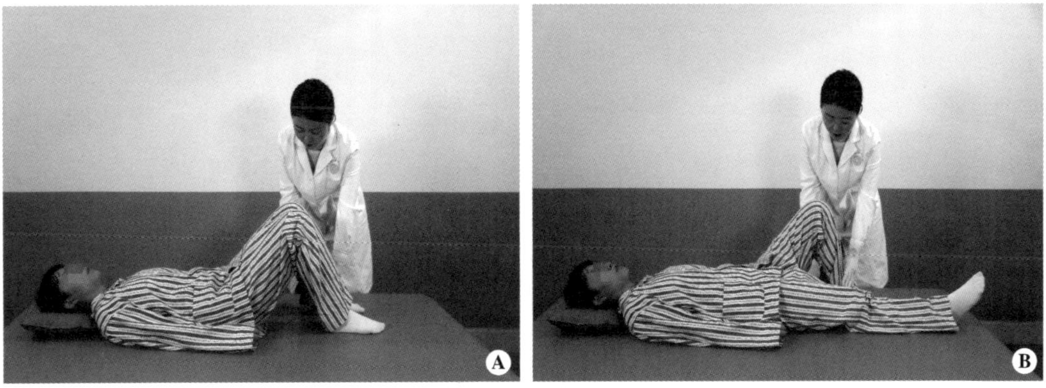

图 3-3　第一种交叉伸展反射

A. 第一种交叉伸展反射（阴性）；B. 第一种交叉伸展反射（阳性）

体位：受检者仰卧，头置正中，两下肢一侧伸直，另一侧屈曲。

诱发刺激：屈曲受检者伸直侧的下肢。

阴性反应：在伸直侧下肢屈曲时，对侧屈曲的下肢仍保持屈曲。

阳性反应：在伸直侧下肢屈曲时，对侧屈曲的下肢变为伸直。

临床意义：出生后 2 个月内小儿出现阳性反应是正常的，此后仍存在阳性反应可能提示反射发育迟缓或上运动神经元损伤。

4. 第二种交叉伸展反射（图 3-4）

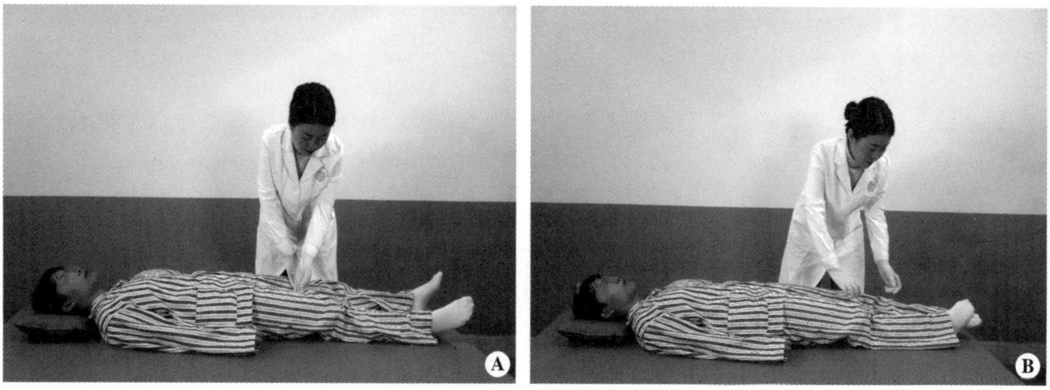

图 3-4　第二种交叉伸展反射

A. 第二种交叉伸展反射（阴性）；B. 第二种交叉伸展反射（阳性）

体位：受检者仰卧，头置正中，双侧下肢伸直。

诱发刺激：在受检者一侧大腿内侧轻轻叩击。

阴性反应：双侧下肢对刺激无反应。

阳性反应：对侧下肢内收、内旋和踝关节跖屈（呈典型的剪刀状体位）。

临床意义：出生后 2 个月内小儿出现阳性反应是正常的，此后仍存在阳性反应可能提示反射发育迟缓。

（二）脑干水平

1. 不对称性紧张性颈反射（图 3-5）

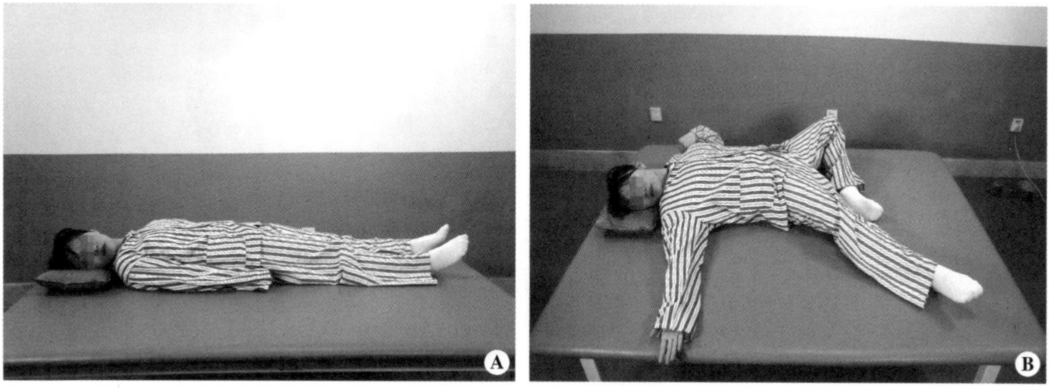

图 3-5　不对称性紧张性颈反射

A. 不对称性紧张性颈反射（阴性）；B. 不对称性紧张性颈反射（阳性）

体位：受检者仰卧，头置正中，上下肢伸直。

诱发刺激：嘱受检者将头转向一侧。

阴性反应：两侧肢体无反应。

阳性反应：面部朝向的一侧上下肢伸展或伸肌肌张力增高，对侧上下肢屈曲或屈肌张力增高。

临床意义：出生后 4～6 个月小儿出现阳性反应是正常的，此后出现的阳性反应可能提示反射发育迟缓或上运动神经元损伤，但任何时候出现的强制性不对称性紧张性颈反射都是病理性的。

2. 第一种对称性紧张性颈反射（图 3-6）

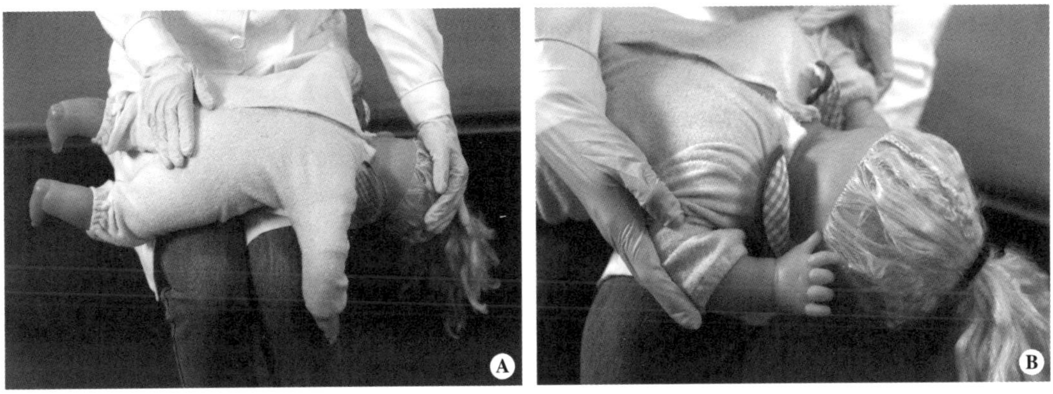

图 3-6　第一种对称性紧张性颈反射

A. 第一种对称性紧张性颈反射（阴性）；B. 第一种对称性紧张性颈反射（阳性）

体位：受检者手足着地呈俯卧位或趴在检查者膝上。

诱发刺激：将受检者的头向腹侧屈曲。

阴性反应：四肢肌张力无变化。

阳性反应：上肢屈曲或屈肌张力增高，下肢伸展或伸肌张力增高。

临床意义：出生后 4～6 个月小儿出现阳性反应是正常的，此之后出现阳性反应可能提示反射发育迟缓。

3. 第二种对称性紧张性颈反射（图 3-7）

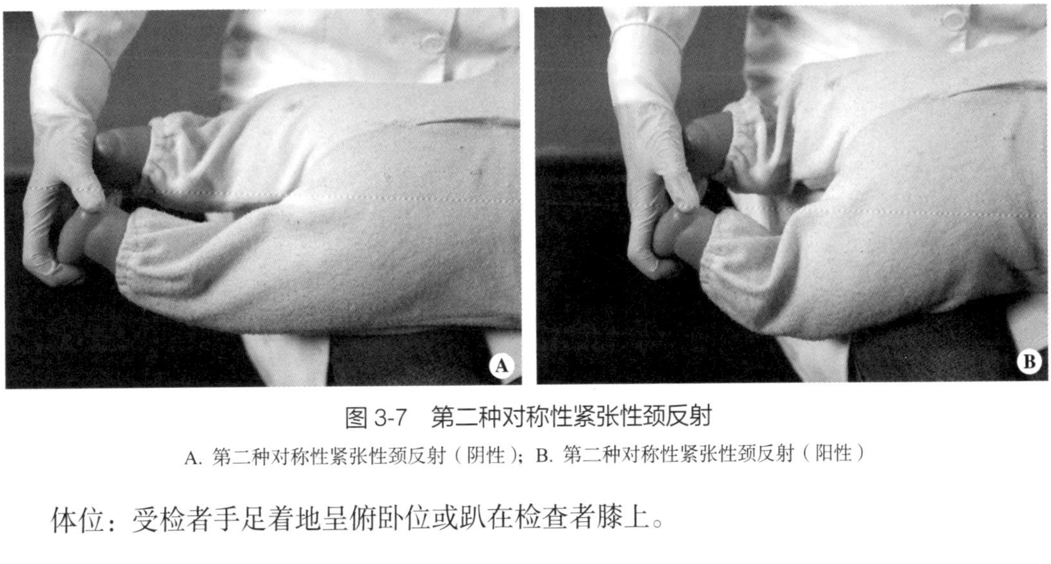

图 3-7　第二种对称性紧张性颈反射

A. 第二种对称性紧张性颈反射（阴性）；B. 第二种对称性紧张性颈反射（阳性）

体位：受检者手足着地呈俯卧位或趴在检查者膝上。

诱发刺激：将受检者的头向背侧屈曲。

阴性反应：上、下肢肌张力无变化。

阳性反应：双上肢伸展或伸肌张力增高，双下肢屈曲或屈肌张力增高。

临床意义：出生后 4～6 个月小儿出现阳性反应是正常的，此后出现阳性反应可能提示反射发育迟缓。

4. 仰卧位紧张性迷路反射（图 3-8）

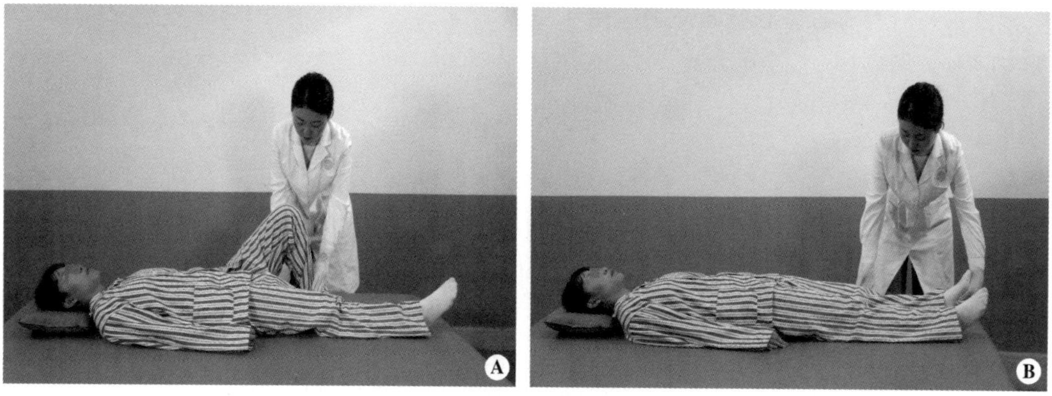

图 3-8 仰卧位紧张性迷路反射

A. 仰卧位紧张性迷路反射（阴性）；B. 仰卧位紧张性迷路反射（阳性）

体位：受检者仰卧，头置正中，上下肢伸直。

诱发刺激：维持仰卧位，屈曲检查者的上、下肢。

阴性反应：当上、下肢被动屈曲时，伸肌张力无变化。

阳性反应：当上、下肢被动屈曲时，伸肌张力增高。

临床意义：出生后 4 个月小儿出现阳性反应是正常的，4 个月之后仍存在阳性反应可能提示反射发育迟缓。

5. 俯卧位紧张性迷路反射（图 3-9）

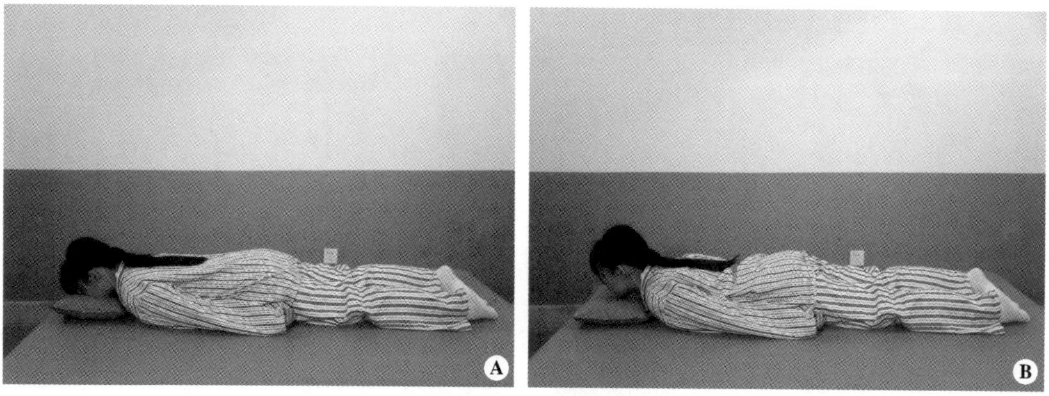

图 3-9 俯卧位紧张性迷路反射

A. 俯卧位紧张性迷路反射（阴性）；B. 俯卧位紧张性迷路反射（阳性）

体位：受检者俯卧，头置正中，上下肢伸直。

诱发刺激：维持俯卧位。

阴性反应：屈肌张力无变化，头、躯干、四肢伸直。

阳性反应：屈肌张力增高，不能后伸头、后缩肩及伸展躯干和四肢。

临床意义：出生后 4 个月小儿出现阳性反应是正常的，4 个月后仍存在阳性反应可能提示反射发育迟缓。

6. 联合反应（图 3-10）

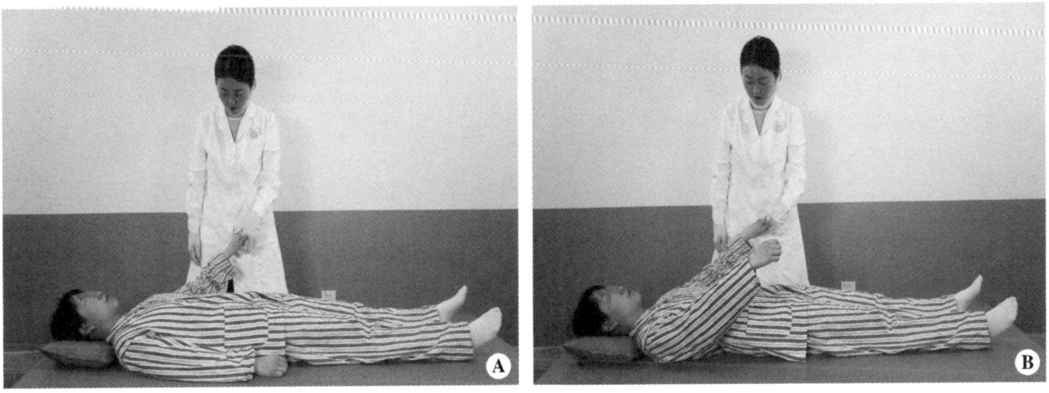

图 3-10 联合反应

A. 联合反应（阴性）；B. 联合反应（阳性）

体位：受检者仰卧。

诱发刺激：让受检者用力抓一物体（偏瘫患者用健侧手抓握）。

阴性反应：身体其他部位无反应或有很少的反应或很轻微的肌张力增高。

阳性反应：对侧肢体出现同样的动作和（或）身体其他部位肌张力增高。

临床意义：若阳性反应发生于伴有其他异常反射的受检者，可能提示反射发育迟缓。

（三）中脑水平的反应

1. 颈调正反射（图 3-11）

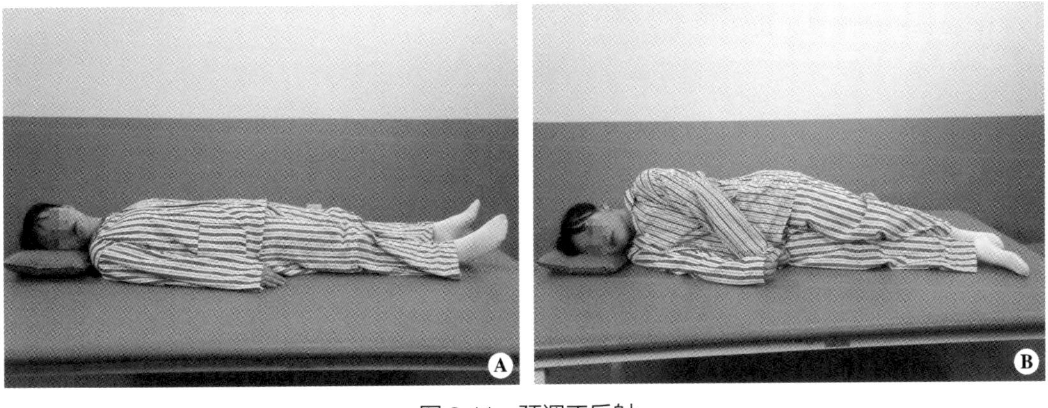

图 3-11 颈调正反射

A. 颈调正反射（阴性）；B. 颈调正反射（阳性）

体位：受检者仰卧，头置正中，上下肢伸直。

诱发刺激：被动或主动地将头转向一侧。

阴性反应：身体不旋转。

阳性反应：整个身体跟随头向同一方向旋转。

临床意义：出生后6个月内发生阳性反应是正常的，超过6个月仍存在阳性反应可能提示反射发育迟缓。出生超过1个月的小儿发生阴性反应是反射发育迟缓的指征。

2. 保护性伸展反应（图3-12）

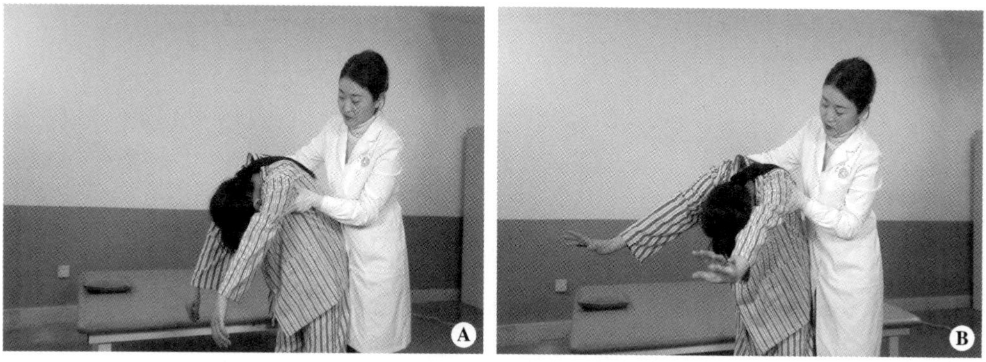

图3-12　保护性伸展反应

A. 保护性伸展反应（阴性）；B. 保护性伸展反应（阳性）

体位：受检者俯卧位，两上肢向头的方向伸展。

诱发刺激：检查者手扶受检者肩胛骨或骨盆将受检者悬空，然后嘱受检者突然将头向地板方向运动。

阴性反应：上肢不能保护头部，但显示原始反射，如对称或不对称性紧张性颈反射。

阳性反应：上肢立即伸展伴手指外展和伸直以保护头部。

临床意义：阳性反应大约在出生6个月内出现并持续终生，出生6个月后发生阴性反应可能提示反射发育迟缓。

（四）大脑皮质水平

1. 坐位平衡反应（图3-13）

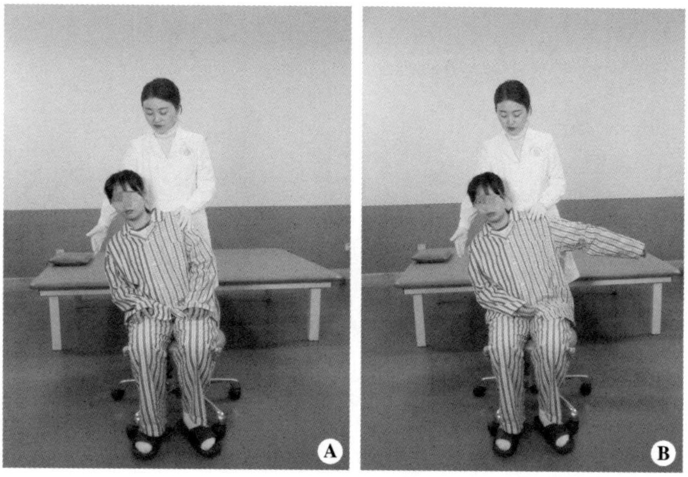

图3-13　坐位平衡反应

A. 坐位平衡反应（阴性）；B. 坐位平衡反应（阳性）

体位：受检者坐位。

诱发刺激：检查者对受检者做拉或推的动作使其向一侧倾斜。

阴性反应：头、胸不能自我调正，无平衡或保护性反应（身体某些部位可能出现阳性反应，其他部位没有）。

阳性反应：头、胸调正，抬高一侧的上下肢外展、伸直（平衡反应），较低的一侧肢体出现保护性反应。

临床意义：出生后 7～8 个月出现阳性反应，并维持终生。8 个月后仍存在阴性反应可能是反射发育迟缓的征象。

2. 双膝立位平衡反应（图 3-14）

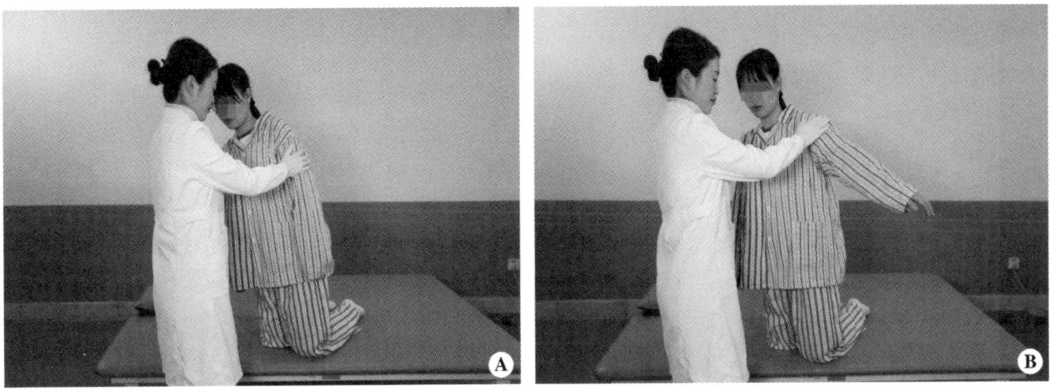

图 3-14 双膝立位平衡反应

A. 双膝立位平衡反应（阴性）；B. 双膝立位平衡反应（阳性）

体位：受检者呈双膝跪立。

诱发刺激：检查者对受检者做拉或推的动作使其向一侧倾斜。

阴性反应和阳性反应：同坐位平衡反应。

临床意义：出生后 15 个月出现阳性反应，并维持终生。15 个月后仍存在阴性反应可能是反射发育迟缓的征象。

四、注意事项

1. 采取正确的检查体位，检查时注意诱发刺激的部位、强度、时间。
2. 检查过程中应仔细观察受检者对刺激做出的反应。
3. 在进行脑干水平反射检查时，除了肉眼观察外，还需触诊以检查肌张力变化。
4. 原始反射的系统评定应当与功能性活动评定相结合，注意反射对运动功能的影响。
5. 注意神经反射是对称性的还是非对称性的。

实训四　心功能评定技术

一、实训目的与要求

1. 素质目标

通过心功能评定技术的学习，让学生认识到运动对心脏有利，引导其加强体育锻炼，使学生德智体美劳全面发展。

2. 知识目标

掌握心功能评定的常用方法和评定时的注意事项。

3. 技能目标

学会心电图运动试验的操作流程，并能对其结果进行分析。

二、实训前准备

1. 环境

光线充足，通风良好，室温22～25℃，湿度适宜，地面平坦、干净、防滑。

2. 物品准备

急救药品、急救器械、活动平板、功率自行车、血压计、听诊器、心电图仪、秒表、笔。

3. 人员准备

工作服干净整洁，妆容素雅，长发束扎，手部清洁，修剪指甲，勿佩戴饰物。

三、实训内容与方法

（一）活动平板试验

1. 备齐各种急救药品（如速效救心丸、去甲肾上腺素）和器械（如注射器、静脉穿刺针、氧气面罩、氧气瓶、除颤仪）。

2. 计算受检者最大心率（HR_{max}），HR_{max}=220−年龄，以60%HR_{max}为目标心率。

3. 受检者取仰卧位，脱去上衣，以便于安放电极。

4. 为受检者粘贴电极片。描记12导联心电图，并测量血压。

5. 受检者做5分钟的热身运动（如以仪器最低等级在活动平板上走动，速度为2km/h）。

6. 受检者热身后站在活动平板上，每次描记12导联心电图，并测量血压。

7. 受检者在活动平板上行走，根据所选择的运动方案，仪器自动分级依次递增平板速度和坡度以调节负荷量，直到心率达到受检者的目标心率并保持1～2分钟。

8. 连续监测心电图，每2分钟记录1次心电图，观察6～10分钟，如需要可延长观察时间多次记录。如果6分钟后心电图ST段改变仍未恢复到运动前的图形，应继续观察至恢复运动前的图形。连续监测血压，每2分钟测量1次，观察6～10分钟，如发现异常，应每分钟测量 1 次。如果 6 分钟后血压仍异常波动，应每分钟测量 1 次，直至恢复运动前血压。

9. 停止运动的标准：达到预定的运动终点或出现终止试验的指征时，逐渐降低活动平板速度。

10. 结束活动平板试验 8 分钟内，要连续动态监测心电、血压，直至数据恢复至静息状态水平，取下电极片。

11. 整理用物，分析结果，写出试验报告。

（二）踏车试验

1. 备齐各种急救药品和器械。计算受检者的最大心率，以 60%最大心率为目标心率。

2. 准备功率自行车，设定运动负荷量。

3. 为受检者粘贴电极片，描记心电图，并测量血压（图 4-1）。

4. 嘱受检者在功率自行车上做踏车运动。通过速度和阻力调节负荷大小，直至达到受检者的目标心率并保持 1～2 分钟。连续监测心电图和血压。

5. 达到预定的运动终点或出现终止试验的指征时，逐渐降低功率自行车速度。连续监测心电图和血压直至数据恢复至静息状态。

6. 整理用物，分析结果，写出试验报告。

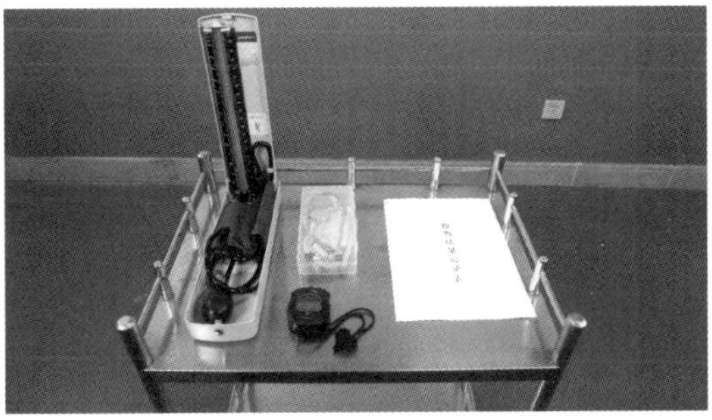

图 4-1 踏车试验

（三）六分钟步行试验

1. 准备 600m 长的平坦防滑路面，标出路面距离刻度（每 3m 处要有标记）。

2. 嘱受检者在 600m 平坦防滑路面上尽力行走。持续行走 6 分钟。

3. 测量受检者 6 分钟内步行的距离。

4. 整理用物，分析结果，写出试验报告。

四、注意事项

1. 严重心脏病、肺栓塞、栓塞性静脉炎患者，忌做心电图运动试验。

2. 收缩压＞200mmHg[①]或舒张压＞120mmHg、不能控制的代谢病、严重肝肾疾病、严重贫血、慢性感染性疾病、心脏病发作期患者，慎做心电图运动试验。

3. 运动试验过程中和运动试验结束后 10 分钟内，临床医师和心电图技师必须在场。

4. 运动中如发生恶性心律失常、急性 ST 段抬高、ST 段下降＞0.20mV 以上、血压下降、急性心功能不全、室性心动过速、心室颤动等危急情况，立即终止运动并进行急救。发生心室颤动时，争取在 2 分钟内实施心脏电复律，如延误时机，易导致受检者死亡。

5. 与运动有关的心脏停搏多发生于运动结束后的 5 分钟内。因此，要特别重视运动结束后的病情变化。

6. 出现下列指征应终止试验。

（1）出现呼吸急促或呼吸困难、胸闷、胸痛、心绞痛、极度疲劳、下肢痉挛、严重跛行、身体摇晃、步态不稳、头晕、耳鸣、恶心、意识不清、面部有痛苦表情、面色苍白、

---

① 1mmHg=0.133kPa

发绀、出冷汗等症状。

（2）运动负荷增加时收缩压不升高反而下降，低于安静时收缩压 10mmHg 以上；运动负荷增加时收缩压上升，超过 220mmHg，运动负荷增加时舒张压上升，超过 110mmHg；或舒张压上升，超过安静时 15mmHg。

（3）运动负荷不变或增加时，心率不增加，甚至下降超过 10 次/分。

（4）心电图显示 ST 段下降或上升≥1mm；出现严重心律失常，如异位心动过速，频发、多源或成对出现的早搏、R 在 T 上（R-ON-T）、心房颤动、心房扑动、心室扑动、心室颤动、Ⅱ度以上的房室传导阻滞或窦房阻滞、完全性束支传导阻滞等。

（5）受检者要求停止运动。

实训五　肺功能评定技术

一、实训目的与要求

1. 素质目标

通过肺功能评定技术的学习，理解肺通气和肺换气的生理过程以及肺功能评定技术在临床康复中的意义。

2. 知识目标

掌握肺功能评定方法和评定时的注意事项。

3. 技能目标

学会肺功能评定技术，并能对评定结果进行分析。

二、实训前准备

1. 环境

光线充足，通风良好，室温 22～25℃，湿度适宜，地面干净、防滑。

2. 物品准备

肺功能检测仪、肺量计记录仪、活动平板或功率自行车、活动跑台、体重秤、心率遥测仪、秒表、笔。

3. 人员准备

工作服干净整洁，妆容素雅，长发束扎，手部清洁，修剪指甲，勿佩戴饰物。

三、实训内容与方法

（一）最大摄氧量测定

1. 询问受检者的运动史、家族史、疾病史等，并称量受检者的体重。

2. 打开肺功能检测仪，校准气体成分及气量。

3. 受检者坐位，处于安静状态，戴好面罩，连接肺功能检测仪，贴好心率遥测仪的电极片，测定受检者的气体代谢指标、心率。

4. 嘱受检者上活动平板或功率自行车，进行运动训练。

5. 递增负荷测试：功率自行车递增负荷程序从 100W 功率起始（女性从 50W 起始），每 1 分钟递增 25W，至力竭。采用活动跑台的方法测定时，受检者保持安静状态 5 分钟，然后在活动跑台上进行每 3 分钟渐增负荷跑，至力竭为止。

6. 最大吸氧量（VO_{2max}）的判断

（1）受检者体力达到力竭，不能保持原有的运动速度。

（2）继续运动时，摄氧量开始下降。

7. 达到最大摄氧量水平后关闭肺功能检测仪，慢慢减速到开始准备活动时的强度。

8. 嘱受检者摘下呼吸面罩，继续运动，整理活动 5 分钟。

9. 停止活动跑台。储存测试数据，分析结果，写出试验报告。

（二）肺容量的测定

1. 启动肺量计记录仪。

2. 嘱受检者口含肺量计记录仪接口器，固定鼻夹，经口做平静呼吸。

3. 当潮气曲线稳定后，于平静呼气末做用力最大深吸气，再做用力最大呼气。

4. 在肺量图上计算潮气量（VT）、肺活量（VC）、深吸气量（IC）、补吸气量（IRV）、补呼气量（ERV）。

5. 分析结果，写出试验报告。

四、注意事项

1. 肺功能评定适用于慢性呼吸系统疾病、职业病及老年康复训练患者以及外科手术前的检查。

2. 活动性肺结核、近期有心肌梗死、近期有眼部手术、高危患者和呼吸功能严重衰竭者不宜做肺功能评定。

3. 测试前受检者应进行身体健康检查，包括身高、体重、血压、心电图和肺功能，保证受检者在测试时身体状态良好。

4. 测试前检查者必须掌握评定程序，了解对受检者的要求及运动的时间和过程，注意评定过程中受检者的疲劳情况或者其他身体异常反应。

5. 在进行最大摄氧量测试前的几个小时，受检者不允许参加重体力劳动。

6. 进餐后不可马上进行测试。

7. 测试前 1 小时禁止吸烟。

8. 嘱受检者选择合适的衣着和运动鞋，以保证能最大限度地发挥运动水平。

9. 运动试验前受检者的安静心率必须相对稳定。

实训六　感觉功能评定技术

一、实训目的与要求

1. 素质目标

在感觉功能评定过程中，检查者要注重保护受检者的隐私，以患者为中心，尊重他人。

2. 知识目标

掌握浅感觉、深感觉和复合感觉功能的评定方法分类和评定时的注意事项。

3. 技能目标

学会针对不同的感觉功能选取适当的评定方法，并对评定结果进行分析。

二、实训前准备

1. 环境

光线充足，通风良好，室温 22～25℃，湿度适宜，地面干净、防滑。

2. 物品准备

棉签或软毛笔、大头针、试管、试管架、音叉、两点之间辨别觉检查器或两脚规、棉花、纸巾、软刷、钥匙、硬币、铅笔或火柴棒、汤勺、纸夹、尺子、几块不同质地的布。

3. 人员准备

工作服干净整洁，妆容素雅，长发束扎，手部清洁，修剪指甲，勿佩戴饰物。

三、实训内容与方法

（一）浅感觉检查

1. 触觉（图 6-1）

方法：受检者闭目，检查者用棉签或软毛笔轻触受检者的皮肤，每次给予的刺激强度应一致。双侧对称部位检查比较。

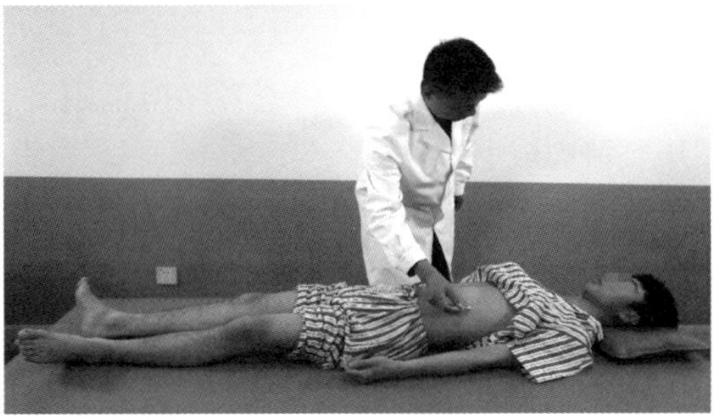

图 6-1　触觉检查

检查顺序：面部→颈部→上肢→躯干→下肢。检查四肢时，刺激的走向应与四肢长轴平行；检查胸腹部时，刺激的走向应与肋骨平行。

反应：询问受检者有无轻痒的感觉，评估受检者能否准确表达所触次数。

注意事项：刺激强度不宜过大，刺激不应过频，且刺激的速度不能有规律。

2. 痛觉（图 6-2）

方法：先让受检者感受大头针尖端刺激正常皮肤的感觉，然后受检者闭目，检查者分别用大头针的尖端和钝端以同等均匀的力量轻刺受检者需要检查部位的皮肤，双侧对称检查。

检查顺序：对痛觉障碍者的检查顺序为感觉消失或减退部位→正常部位→感觉过敏部位。

反应：要求受检者说出是钝痛或锐痛，并指出受刺激部位。

注意事项：测试时要注意两侧对称部位比较；受检者应闭目接受测试；受检者有皮肤感觉障碍时，需记录皮肤感觉障碍的类型、部位和范围。

3. 温度觉（图 6-3）

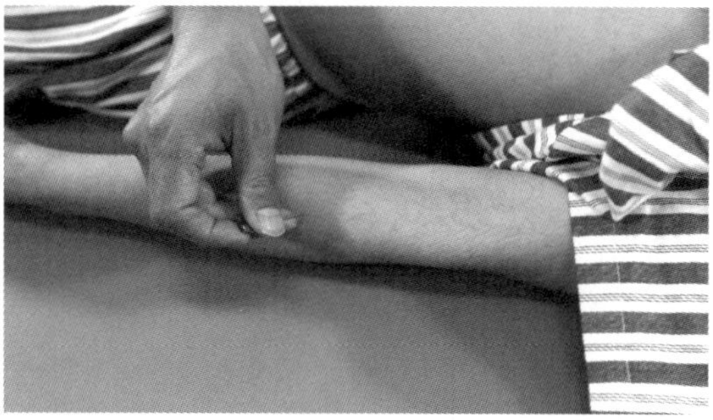

图 6-2 痛觉检查

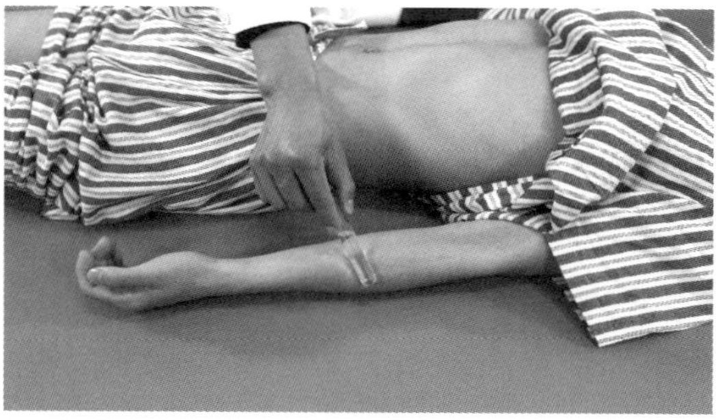

图 6-3 温度觉检查

方法：受检者闭目，用盛有热水（40～45℃）及冷水（5～10℃）的两支试管交替与受检者的皮肤接触 2～3 秒。

检查顺序：对感觉障碍者的检查顺序应为感觉消失或减退部位→正常部位→感觉过敏部位。

反应：受检者回答“冷”或“热”。

注意事项：选用的试管直径约 1cm，试管与皮肤接触面不要过大。检查时要注意两侧对称部位的比较。

4. 压觉（图 6-4）

方法：受检者闭目，检查者用拇指用力按压其肌肉或肌腱。

检查顺序：对感觉障碍者的压觉检查应从功能障碍的部位开始到功能正常的部位。

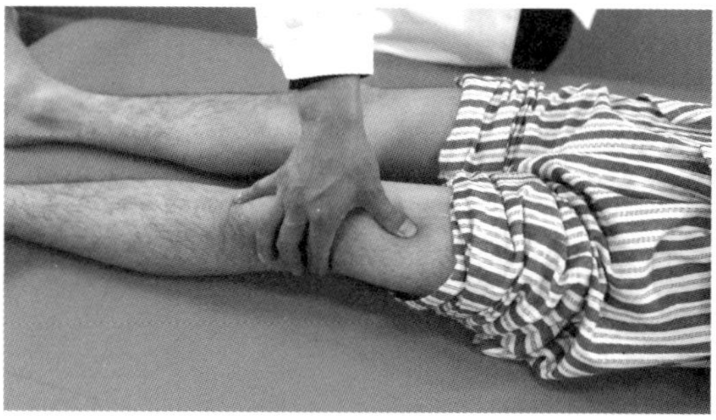

图 6-4 压觉检查

反应：要求受检者回答是否感到压力。

注意事项：压力大小应足以使皮肤下陷，临床压觉检查常和触觉检查一起进行。

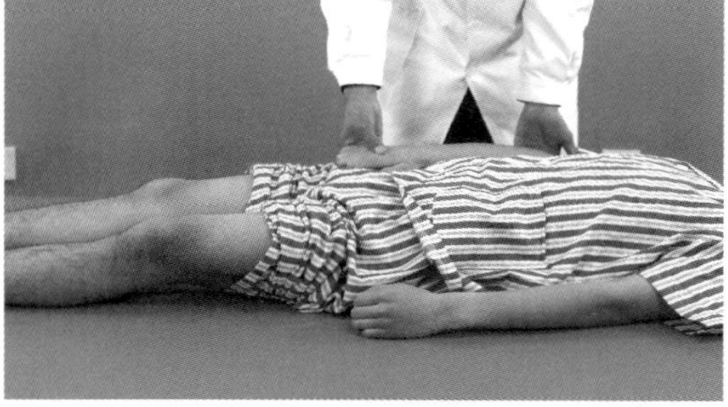

图 6-5 位置觉检查

（二）深感觉（本体感觉）检查

1. 位置觉（图 6-5）

方法：受检者闭目，检查者将其肢体放置在某一位置上，让受检者说出肢体所处的位置，或让另一侧肢体模仿出相同的角度。

检查顺序：从功能障碍的肢体开始到功能正常的肢体。

反应：受检者能否回答正确或动作是否正确。

注意事项：测定共济运动的指鼻试验、跟-膝-胫试验和单足站立等，若在闭眼后进行，亦是测定位置觉的方法。

2. 运动觉（图 6-6）

方法：受检者闭目，检查者轻持受检者的手指或足趾两侧做被动伸或屈的动作（约 5°），让受检者回答肢体被动运动的方向是向上或向下。

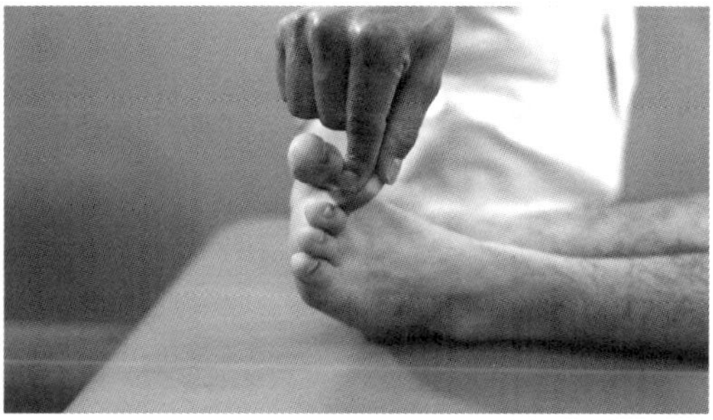

图 6-6　运动觉检查

检查顺序：从肢体远端关节到近端关节。

反应：受检者能否说出移动方向。

注意事项：在位置觉和运动觉检查中，每一个方向的运动进行 5 次，然后记录正确的次数，记录方式为 *n*/5，*n* 表示正确的次数。若发现受检者有功能障碍可加大活动幅度，或测试较大关节，如腕、肘、踝和膝关节等。

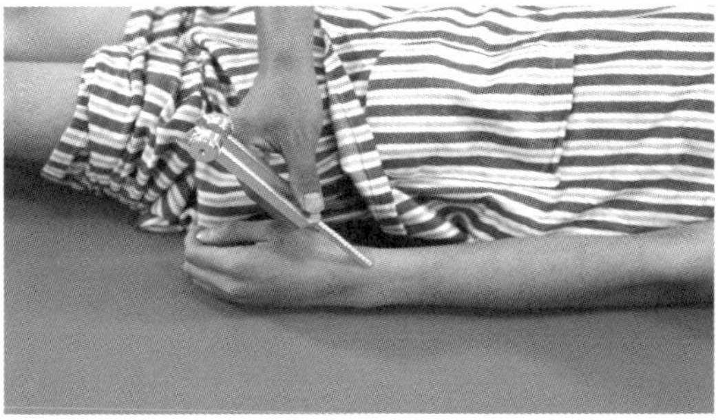

图 6-7　振动觉检查

3. 振动觉（图 6-7）

方法：受检者闭目，检查者用 128Hz 的音叉柄置于受检者的骨隆起处，如胸骨、锁骨、肩峰、尺骨鹰嘴、尺骨茎突、桡骨茎突、棘突、髂前上棘、股骨大转子、腓骨小头及内外踝等。

检查顺序：随意接触受检者的骨隆起处。

反应：询问受检者有无振动感。

注意事项：应注意身体上、下，左、右对比检查。振动觉可随年老而进行性丧失，在较年老者可完全丧失，且与振动觉、位置觉障碍不一致。

（三）复合感觉（皮质感觉）检查

1. 皮肤定位觉（图 6-8）

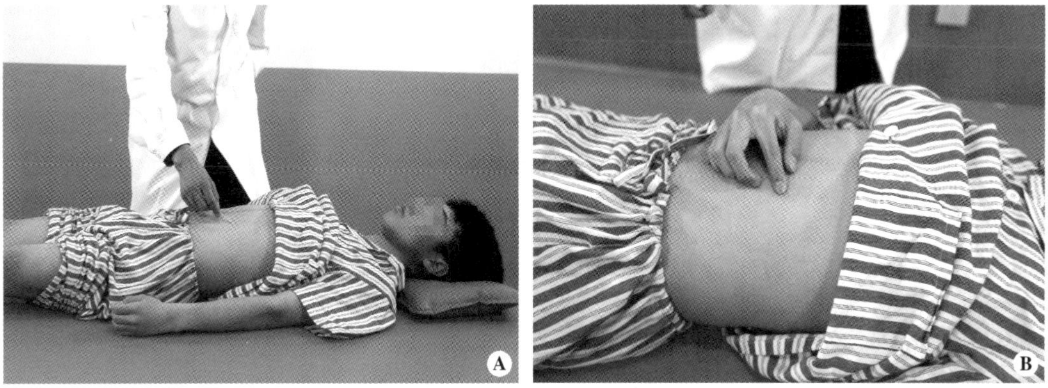

图 6-8　皮肤定位觉检查

方法：受检者闭目，检查者用手指或棉签轻触受检者的皮肤。

反应：让受检者说出或用手指出被触及的部位。

注意事项：正常误差手部＜3.5mm，躯干部＜1cm。

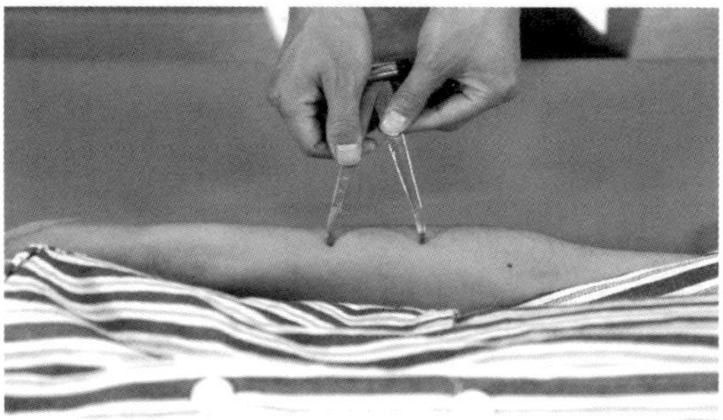

图 6-9 两点辨别觉检查

2. 两点辨别觉（图 6-9）

方法：受检者闭目，检查者用两点之间辨别觉检查器或两脚规尖端刺激皮肤两点，两点的压力要一致，若受检者有两点感觉，再缩小两脚规的距离，直到受检者感觉一点为止，测出两点间最小的距离。

检查顺序：四肢近端和躯干→舌尖、鼻端→手指→指尖。

反应：受检者感觉到一点或两点。

注意事项：两点刺激须同时进行。身体各部位的两点辨别觉灵敏度不同，正常上臂及大腿两点辨别觉的最小距离为 75mm；背部为 40～50mm；前胸 40mm；手背、足背为 20～30mm；手掌、足底为 15～20mm；指背为 4～6mm；指尖最敏感，为 3～5mm。

3. 图形觉（图 6-10）

方法：受检者闭目，检查者用手指、铅笔或火柴棒在受检者皮肤上写数字或画图形，如圆形、方形、三角形等。

反应：让受检者说出所画的内容。

注意事项：检查者写数字或画图形，数字或图形应简单、单一。

4. 实体觉（图 6-11）

图 6-10 图形觉检查

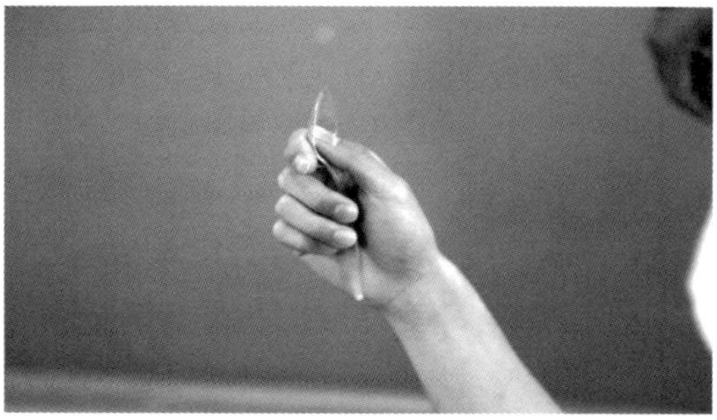

图 6-11 实体觉检查

方法：受检者闭目，检查者将日常生活中熟悉的物品放置于受检者手中。

检查顺序：检查时应先测健侧。

反应：让受检者抓握物品后，说出该物品的名称、大小及形状等。

注意事项：一般为受检者提供日常生活中熟悉的物品如钥匙、硬币、汤勺、纸夹、尺子等。

5. 重量觉（图 6-12）

方法：受检者闭目，检查者将形状、大小相同，但重量逐渐增加的物品逐一放在受检者手上；或者双手同时分别放置不同重量的物品。

反应：要求受检者将手中重量与前一重量比较或双手进行比较后说出哪侧重哪侧轻。

注意事项：物品重量应逐渐增加。

6. 材质识别觉（图 6-13）

图 6-12　重量觉检查

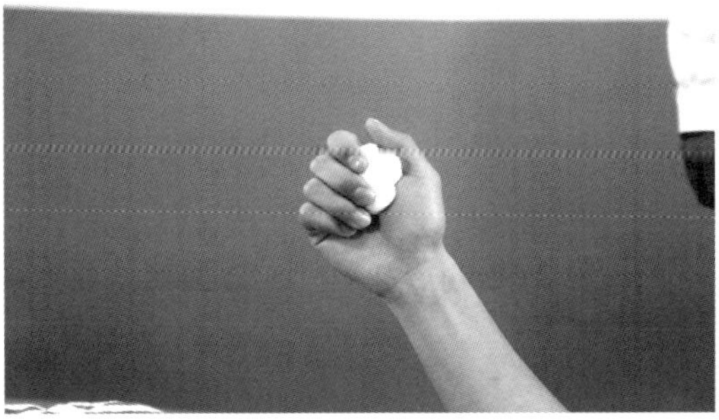

图 6-13　材质识别觉检查

方法：受检者闭目，将不同材质（羊毛、丝绸、棉花）的物品放在受检者手中，让受检者触摸。

反应：受检者能否正确回答材料的名称或质地（粗糙、光滑）。

注意事项：材料的质地（粗糙、光滑）应有明显差别。

四、注意事项

1. 受检者需神志清醒，有自我表达能力，且认知状况良好。
2. 提问题时，不要用带有提示性的语言（如“是不是疼啊”“这里疼不疼”等）。
3. 检查环境应安静舒适，受检者保持舒适的体位，充分暴露检查部位。
4. 检查时应按感觉神经和它们所支配与分布的区域进行检查；先检查整个区域，找到感觉障碍的部位，再仔细检查那个部位的范围。
5. 检查者随机地、无规律地给予刺激，检查中应注意左右和远近端的比较。
6. 先检查浅感觉，再检查深感觉和复合感觉；当浅感觉受到影响时，深感觉和复合感觉也会受到影响。
7. 对感觉障碍者，检查顺序应从感觉消失或减退区移至感觉正常区；对感觉过敏者，检查顺序则从感觉正常区移至感觉过敏区。

实训七　肌张力评定技术

一、实训目的与要求

1. 素质目标

通过肌张力评定技术的学习，理解肌张力是维持身体各种姿势和正常活动的基础及肌张力评定在临床康复中的意义。

2. 知识目标

掌握肌张力评定技术的方法和评定时的注意事项。

3. 技能目标

学会肌张力评定方法，并能对结果进行判断。

二、实训前准备

1. 环境

光线充足，通风良好，室温 22～24℃，湿度适宜，环境安静，地面干净、防滑。

2. 物品准备

治疗床、治疗凳、改良阿什沃思（Ashworth）量表、改良迟缓性肌张力分级评定表。

3. 人员准备

工作服干净整洁，妆容素雅，长发束扎，手部清洁，修剪指甲，勿佩戴饰物。

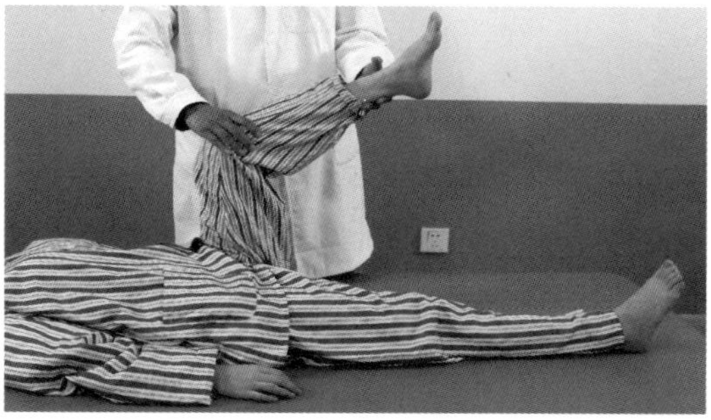

图 7-1　肌张力增高

三、实训内容与方法

（一）肌张力增高（图 7-1）

体位：受检者仰卧，头置正中，肢体放松。

检查方法：检查者以不同的速度对受检者的关节做被动运动。

临床表现：阴性反应为被动运动时具有一定的弹性，无肌张力增高。阳性反应有两种：①被动运动时感觉有阻力，且阻力随检查者刺激的速度增加而增加；②被动运动时感觉有相对持续的阻力，阻力的大小不依赖检查者刺激的速度。

临床意义：第一种阳性反应为痉挛，即因牵张反射兴奋性增高所致的以速度依赖性肌张力增高为特征的感觉运动控制障碍，由上运动神经元损伤（锥体系损伤）所致；第二种阳性反应为僵硬，是主动肌和拮抗肌的肌张力同时增高，关节各个方向被动活动阻力均增加的现象，提示锥体外系损伤。

（二）阵挛

1. 髌阵挛（图 7-2）

体位：受检者仰卧，头置正中，下肢伸直。

检查方法：检查者用拇指与示指持住受检者髌骨上缘，用力向下快速推动数次，保持一定的推力。

临床表现：阴性反应为没有任何运动，阳性反应为股四头肌节律性收缩使髌骨上下运动。

临床意义：阳性反应常见于锥体束损伤。

2. 踝阵挛（图 7-3）

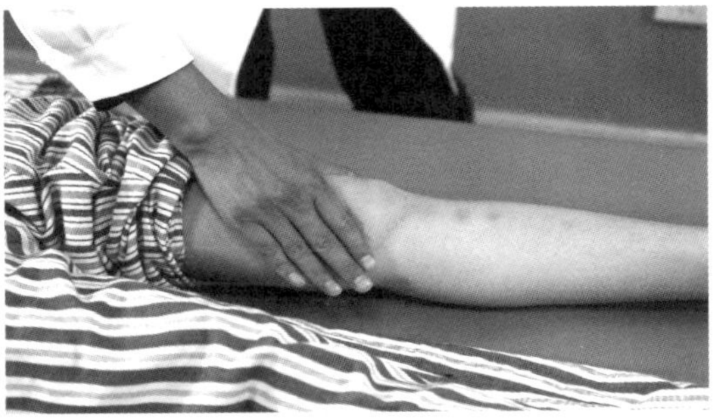

图 7-2　髌阵挛

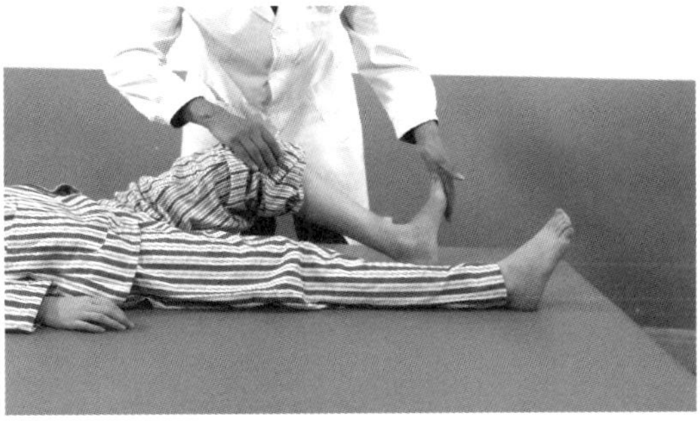

图 7-3　踝阵挛

体位：嘱受检者仰卧，髋关节与膝关节稍屈。

检查方法：检查者一手持受检者膝关节，使膝关节微屈，另一手持受检者足的远端，用力快速地被动背屈踝关节。

临床表现：阴性反应为没有任何运动，阳性反应为踝关节呈节律性伸屈运动。

临床意义：阳性反应常见于锥体束损伤。

（三）肌张力低下（图 7-4）

体位：受检者仰卧，头置正中，肢体放松。

检查方法：嘱受检者肢体移动到某一位置或由检查者将受检者肢体移动到某一位置，嘱受检者保持肢体位置不变，观察受检者肢体是否有保持肢体位置不变的能力。

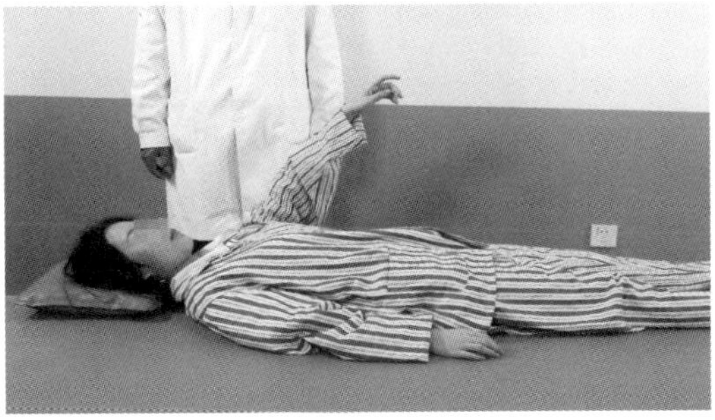

图 7-4　肌张力低下评定方法

临床表现：阴性反应为受检者肢体有保持肢体位置不变的能力，阳性反应为肢体无保持肢体位置不变的能力。

临床意义：阳性反应见于上运动神经元损害、外周神经系统的下运动神经元损害及重症肌无力等。肌张力低下的程度以改良迟缓性肌张力分级评定表为标准。

四、注意事项

1. 评定前应向受检者说明检查目的、方法、步骤，以取得受检者配合，消除其紧张。

2. 评定前摆放好受检者的体位，充分暴露检查部位，完全放松受检肢体。在进行被动运动时，检查者应用力适当，注意保护受检者，以免发生意外。检查时应首先检查健侧，再检查患侧，注意两侧比较。

3. 应避免在运动后、疲劳时及情绪激动时进行检查。评价康复效果时，最好在同一时间段进行治疗前后的肌张力评定，保证可比性。

4. 检查时室温合适，宜保持在 22～24℃。

5. 由于肌张力受多种因素影响，在进行分析时应全面考虑，综合分析评定结果。

实训八　徒手肌力评定技术

一、实训目的与要求

1. 素质目标

通过对徒手肌力评定技术的学习，建立对受检者肌肉和神经损害程度和范围的认识，培养学生敬佑生命、救死扶伤的医者精神。

2. 知识目标

掌握徒手肌力评定技术及注意事项。

3. 技能目标

学会主要肌群的徒手肌力评定技术。

二、实训前准备

1. 环境

光线充足，通风良好，室温 22～25℃，湿度适宜，环境安静。

2. 物品准备

治疗床、治疗凳。

3. 工作人员准备

工作服干净整洁，妆容素雅，长发束扎，手部清洁，修剪指甲，勿佩戴饰物。

三、实训内容与方法

（一）上肢肌力评定

1. 肩前屈肌群（三角肌前部肌）肌力评定（图 8-1）

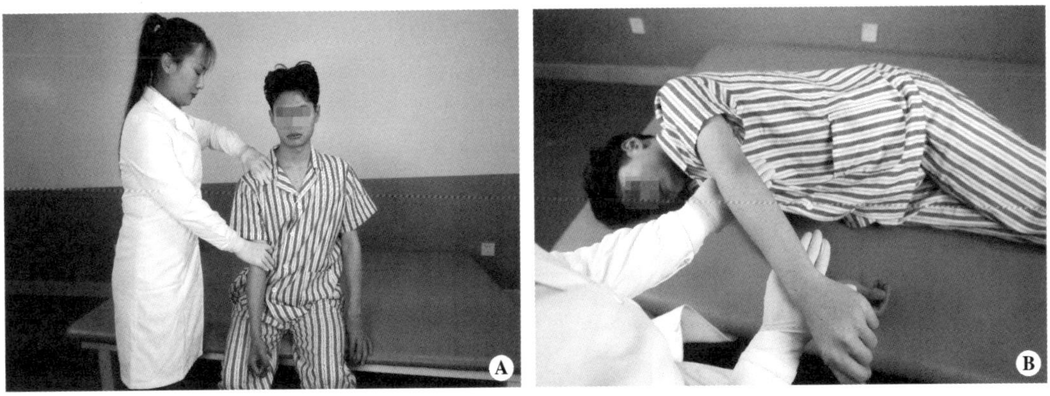

图 8-1　肩前屈肌群肌力评定

A. 肩前屈肌群（4 级肌力）；B. 肩前屈肌群（2 级肌力）

（1）受检者取坐位（抗重体位）。

（2）请受检者在抗重体位下完成全范围的肩前屈动作。

（3）如受检者在抗重体位下能完成，则请受检者在阻力下完成全范围的肩前屈动作（阻力来源：检查者一手固定受检者肩胛骨，另一手在受检者上臂远端向下施加阻力）。

如受检者能完成，则根据受检者能克服的阻力的大小评定为 4 级或 5 级肌力。只能抗中等阻力判定为 4 级肌力，能抗最大阻力为 5 级肌力。如受检者不能完成，则判定为 3 级肌力。

（4）如受检者不能在抗重体位做全范围的肩前屈动作，则请受检者改为侧卧位（无重体位）做全范围的肩前屈动作。如受检者能完成，则判定为 2 级肌力。

（5）如受检者不能完成，仅有微小的肩前屈活动或未见肩前屈活动，但可在三角肌前部的肌腹或肌腱上触摸到收缩感，则判定为 1 级肌力；如三角肌前部触不到收缩感，则判定为 0 级肌力。

2. 肩后伸肌群（三角肌后束、背阔肌）肌力评定（图 8-2）

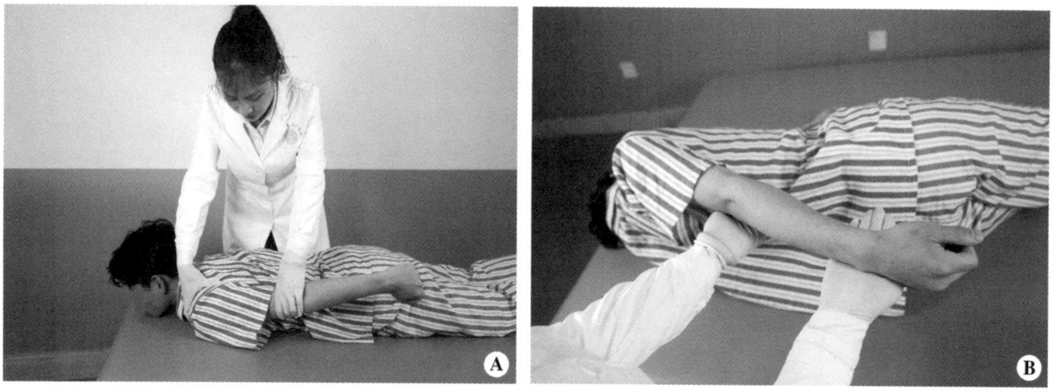

图 8-2　肩后伸肌群肌力评定

A. 肩后伸肌群（4 级肌力）；B. 肩后伸肌群（2 级肌力）

（1）受检者取俯卧位，伸肘，做肩后伸动作（抗重体位）。

（2）请受检者在抗重体位下完成全范围的肩后伸动作。

（3）如受检者在抗重体位下能完成，则请受检者在阻力下完成全范围的肩后伸动作（阻力来源：检查者一手固定受检者肩胛骨，另一手在受检者上臂远端向下施加阻力）。

如受检者能完成，则根据受检者能克服的阻力的大小评定为 4 级或 5 级肌力。只能抗中等阻力判定为 4 级肌力，能抗最大阻力为 5 级肌力。如受检者不能完成，则判定为 3 级肌力。

（4）如受检者不能在抗重体位做全范围的肩后伸动作，则请受检者改为侧卧位（无重体位）做全范围的肩后伸动作。如受检者能完成，则判定为 2 级肌力。

（5）如受检者不能完成，仅有微小的肩后伸活动或未见肩后伸活动，但可在三角肌后束、背阔肌的肌腹或肌腱上触摸到收缩感，则判定为 1 级肌力；如触不到收缩感，则判定为 0 级肌力。

3. 肩外展肌群（三角肌中部、冈上肌）肌力评定（图 8-3）

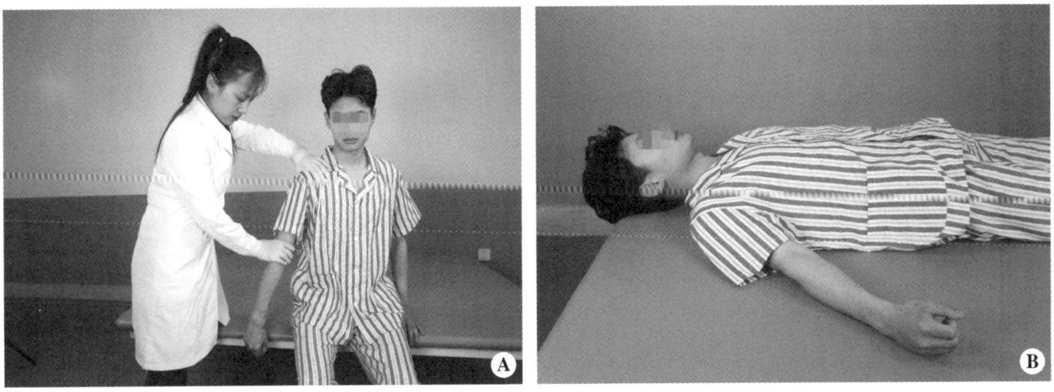

图 8-3　肩外展肌群肌力评定

A. 肩外展肌群（4 级肌力）；B. 肩外展肌群（2 级肌力）

（1）受检者取坐位（抗重体位）。

（2）请受检者在抗重体位下完成全范围的肩外展动作。

（3）如受检者在抗重体位下能完成，则请受检者在阻力下完成全范围的肩外展动作（阻力来源：检查者一手固定受检者肩胛骨，另一手在受检者上臂远端外侧向内施加阻力）。

如受检者能完成，则根据受检者能克服的阻力的大小评定为 4 级或 5 级肌力。只能抗中等阻力判定为 4 级肌力，能抗最大阻力为 5 级肌力。如受检者不能完成，则判定为 3 级肌力。

（4）如受检者不能在抗重体位做全范围的肩外展动作，则请受检者改为仰卧位（无重体位）做全范围的肩外展动作。如受检者能完成，则判定为 2 级肌力。

（5）如受检者不能完成，仅有微小的肩外展活动或未见肩外展活动，但可在三角肌中部、冈上肌的肌腹或肌腱上触摸到收缩感，则判定为 1 级肌力；如触不到收缩感则为 0 级肌力。

4. 肩内旋肌群（大圆肌、胸大肌）肌力评定（图 8-4）

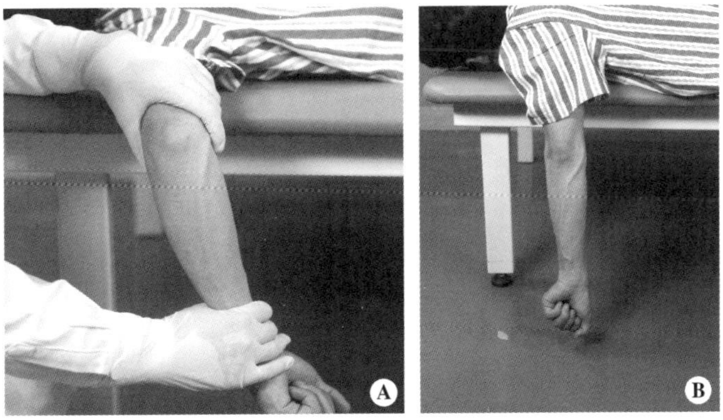

图 8-4　肩内旋肌群肌力评定

A. 肩内旋肌群（4 级肌力）；B. 肩内旋肌群（2 级肌力）

（1）受检者取俯卧位，肩外展 90°，屈肘 90°（抗重体位）。

（2）请受检者在抗重体位下完成全范围的肩内旋动作。

（3）如受检者在抗重体位下能完成，则请受检者在阻力下完成全范围的肩内旋动作（阻力来源：检查者一手固定受检者上臂远端，另一手在受检者前臂远端向前施加阻力）。

如受检者能完成，则根据受检者能克服的阻力的大小评定为 4 级或 5 级肌力。只能抗中等阻力判定为 4 级肌力，能抗最大阻力为 5 级肌力。如受检者不能完成，则判定为 3 级肌力。

（4）如受检者不能在抗重体位做全范围的肩内旋动作，则请受检者取俯卧位，做伸肘动作，前臂沿床沿下垂（无重体位），做全范围的肩内旋动作。如受检者能完成，则判定为 2 级肌力。

（5）如受检者不能完成，仅有微小的肩内旋活动或未见肩内旋活动，但可在大圆肌、胸大肌的肌腹或肌腱上触摸到收缩感，则判定为 1 级肌力；如触不到收缩感则为 0 级肌力。

5. 肩外旋肌群（小圆肌、冈下肌）肌力评定（图 8-5）

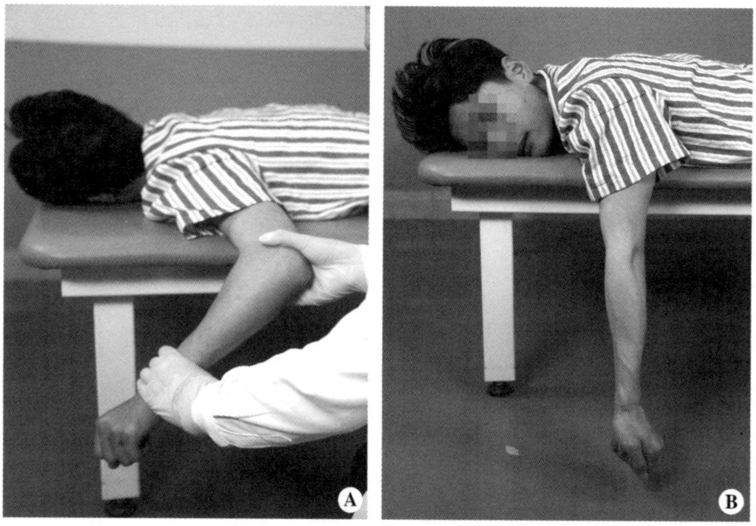

图 8-5 肩外旋肌群肌力评定

A. 肩外旋肌群（4 级肌力）；B. 肩外旋肌群（2 级肌力）

（1）受检者取俯卧位，肩外展 90°，屈肘 90°（抗重体位）。

（2）请受检者在抗重体位下完成全范围的肩外旋动作。

（3）如受检者在抗重体位下能完成，则请受检者在阻力下完成全范围的肩外旋动作（阻力来源：检查者一手固定受检者上臂远端，另一手在受检者前臂远端向后施加阻力）。

如受检者能完成，则根据受检者能克服的阻力的大小评定为 4 级或 5 级肌力。只能抗中等阻力判定为 4 级肌力，能抗最大阻力为 5 级肌力。如受检者不能完成，则判定为 3 级肌力。

（4）如受检者不能在抗重体位做全范围的肩外旋动作，则请受检者取俯卧位，做伸肘动作，前臂沿床沿下垂（无重体位），做全范围的肩外旋动作。如受检者能完成，则判定为 2 级肌力。

（5）如受检者不能完成，仅有微小的肩外旋活动或未见肩外旋活动，但可在小圆肌、冈下肌的肌腹或肌腱上触摸到收缩感，则判定为 1 级肌力；如触不到收缩感则为 0 级肌力。

6. 屈肘肌群（肱二头肌、肱肌、肱桡肌）肌力评定（图 8-6）

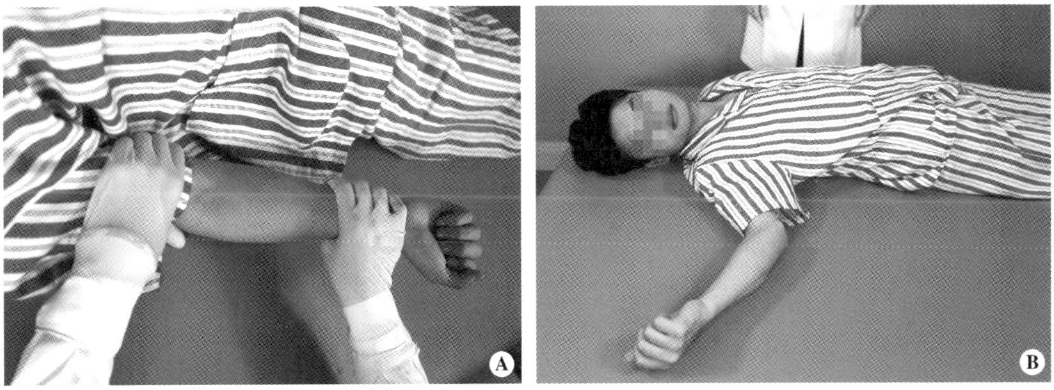

图 8-6　屈肘肌群肌力评定

A. 屈肘肌群（4 级肌力）；B. 屈肘肌群（2 级肌力）

（1）受检者取仰卧位，肩关节轻度外展，前臂旋后（抗重体位）。

（2）请受检者在抗重体位下完成全范围的屈肘动作。

（3）如受检者在抗重体位下能完成，则请受检者在阻力下完成全范围的屈肘动作（阻力来源：检查者一手固定受检者上臂远端，另一手在受检者前臂远端向下施加阻力）。

如受检者能完成，则根据受检者能克服的阻力的大小评定为 4 级或 5 级肌力。只能抗中等阻力判定为 4 级肌力，能抗最大阻力为 5 级肌力。如受检者不能完成，则判定为 3 级肌力。

（4）如受检者不能在抗重体位做全范围的屈肘动作，则请受检者改为仰卧位，肩外展 90°并外旋，前臂中立位（无重体位），做全范围的屈肘动作。如受检者能完成，则判定为 2 级肌力。

（5）如受检者不能完成，仅有微小的屈肘活动或未见屈肘活动，但可在肱二头肌、肱肌和肱桡肌的肌腹或肌腱上触摸到收缩感，则判定为 1 级肌力；如触不到收缩感则为 0 级肌力。

7. 伸肘肌群（肱三头肌、肘肌）肌力评定（图 8-7）

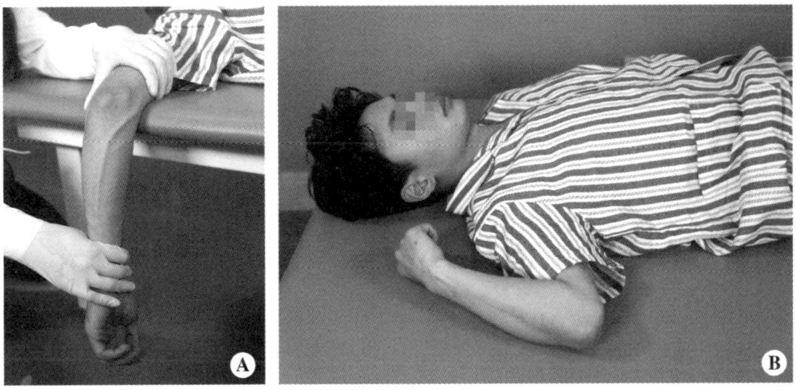

图 8-7　伸肘肌群肌力评定

A. 伸肘肌群（4 级肌力）；B. 伸肘肌群（2 级肌力）

（1）受检者取俯卧位，肩关节外展 90°，全范围屈曲肘关节，前臂垂于床沿（抗重体位）。

（2）请受检者在抗重体位下完成全范围的伸肘动作。

（3）如受检者在抗重体位下能完成，则请受检者在阻力下完成全范围的伸肘动作（阻力来源：检查者一手固定受检者上臂，另一手在受检者前臂远端向下施加阻力）。

如受检者能完成，则根据受检者能克服的阻力的大小评定为 4 级或 5 级肌力。只能抗中等阻力判定为 4 级肌力，能抗最大阻力为 5 级肌力。如受检者不能完成，则判定为 3 级肌力。

（4）如受检者不能在抗重体位做全范围的伸肘动作，则请受检者改为仰卧位，全范围屈曲肘关节，前臂中立位（无重体位），做全范围的伸肘动作。如受检者能完成，则判定为 2 级肌力。

（5）如受检者不能完成，仅有微小的伸肘活动或未见伸肘活动，但可在肱三头肌和肘肌的肌腹或肌腱上触摸到收缩感，则判定为 1 级肌力；如触不到收缩感则为 0 级肌力。

8. 腕屈曲肌群（桡侧腕屈肌、尺侧腕屈肌）肌力评定（图 8-8）

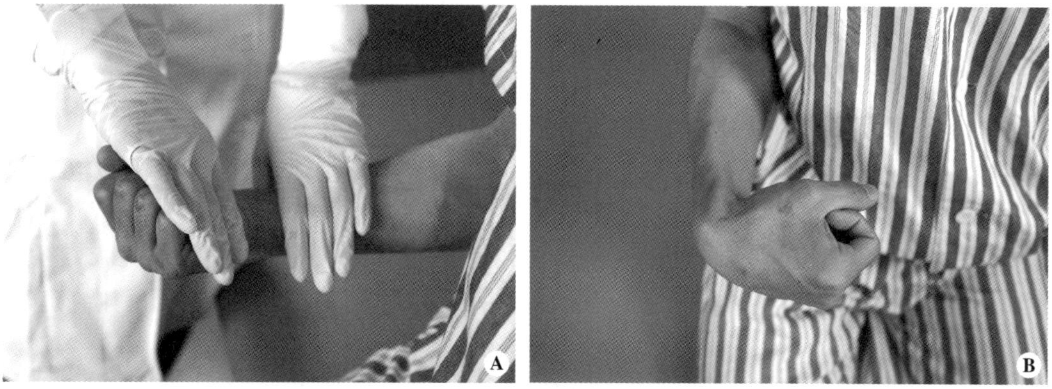

图 8-8 腕屈曲肌群肌力评定

A. 腕屈曲肌群（4 级肌力）；B. 腕屈曲肌群（2 级肌力）

（1）受检者取坐位，肘关节屈曲，前臂旋后（抗重体位）。

（2）请受检者在抗重体位下完成全范围的屈腕动作。

（3）如受检者在抗重体位下能完成，则请受检者在阻力下完成全范围的屈腕动作（阻力来源：检查者一手固定受检者前臂，另一手在受检者掌指关节的掌面向下施加阻力）。

如受检者能完成，则根据受检者能克服的阻力的大小评定为 4 级或 5 级肌力。只能抗中等阻力判定为 4 级肌力，能抗最大阻力为 5 级肌力。如受检者不能完成，则判定为 3 级肌力。

（4）如受检者不能在抗重体位做全范围的屈腕动作，则请受检者屈曲肘关节，前臂改为中立位（无重体位），做全范围的屈腕动作。如受检者能完成，则判定为 2 级肌力。

（5）如受检者不能完成，仅有微小的屈腕活动或未见屈腕活动，但可在桡侧腕屈肌、尺侧腕屈肌的肌腹或肌腱上触摸到收缩感，则判定为 1 级肌力；如触不到收缩感则为 0 级肌力。

9. 腕背伸肌群（桡侧腕长伸肌、桡侧腕短伸肌、尺侧腕伸肌）肌力评定（图 8-9）

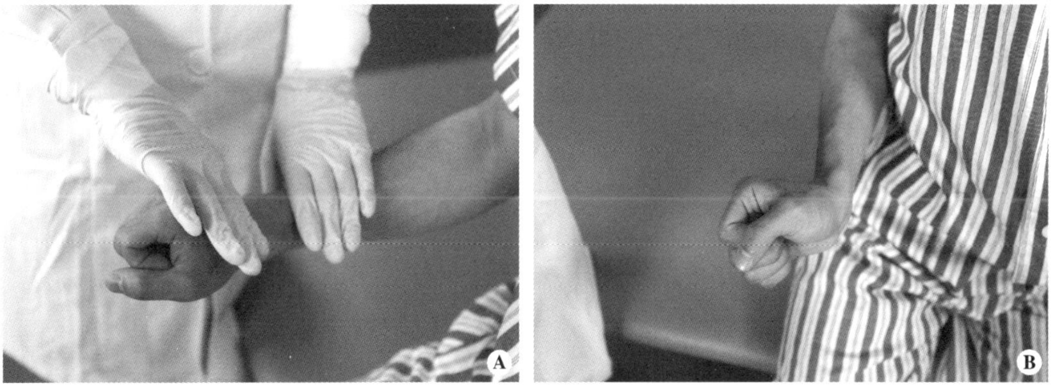

图 8-9　腕背伸肌群肌力评定

A. 腕背伸肌群（4 级肌力）；B. 腕背伸肌群（2 级肌力）

（1）受检者取坐位，肘关节屈曲，前臂旋前（抗重体位）。

（2）请受检者在抗重体位下完成全范围的伸腕动作。

（3）如受检者在抗重体位下能完成，则请受检者在阻力下完成全范围的伸腕动作（阻力来源：检查者一手固定受检者前臂，另一手在受检者手背向下施加阻力）。

如受检者能完成，则根据受检者能克服的阻力的大小评定为 4 级或 5 级肌力。只能抗中等阻力判定为 4 级肌力，能抗最大阻力为 5 级肌力。如受检者不能完成，则判定为 3 级肌力。

（4）如受检者不能在抗重体位下做全范围的伸腕动作，则请受检者屈曲肘关节，前臂改为中立位（无重体位），做全范围的伸腕动作。如受检者能完成，则判定为 2 级肌力。

（5）如受检者不能完成，仅有微小的伸腕活动或未见伸腕活动，但可在桡侧腕长伸肌、桡侧腕短伸肌、尺侧腕伸肌的肌腹或肌腱上触摸到收缩感，则判定为 1 级肌力；如触不到收缩感则为 0 级肌力。

（二）下肢肌力评定

1. 屈髋肌群（髂腰肌）肌力评定（图 8-10）

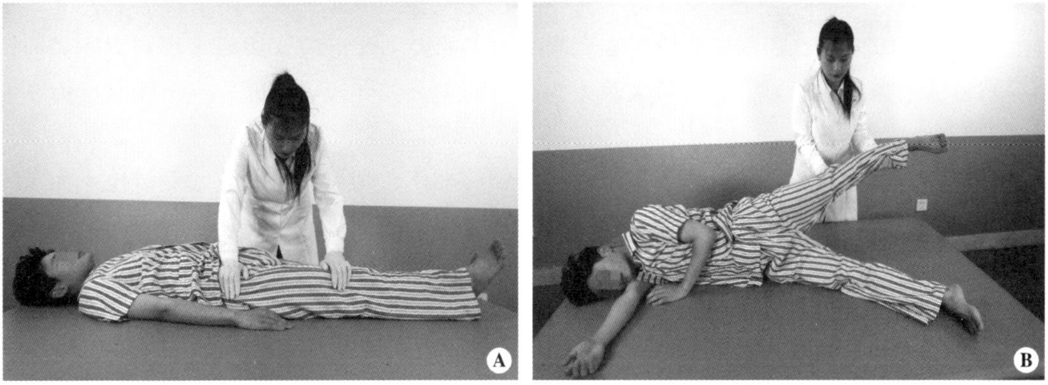

图 8-10　屈髋肌群肌力评定

A. 屈髋肌群（4 级肌力）；B. 屈髋肌群（2 级肌力）

（1）受检者取仰卧位（抗重体位）。

（2）请受检者在抗重体位下完成全范围的屈髋动作。

（3）如受检者在抗重体位下能完成，则请受检者在阻力下完成全范围的屈髋动作（阻力来源：检查者一手固定受检者骨盆，另一手在受检者大腿远端前方向下施加阻力）。

如受检者能完成，则根据受检者能克服的阻力的大小评定为 4 级或 5 级肌力。只能抗中等阻力判定为 4 级肌力，能抗最大阻力为 5 级肌力。如受检者不能完成，则判定为 3 级肌力。

（4）如受检者不能在抗重体位做全范围的屈髋动作，则请受检者改为侧卧位（无重体位），做全范围的屈髋动作。如受检者能完成，则判定为 2 级肌力。

（5）如受检者不能完成，仅有微小的屈髋活动或未见屈髋活动，但可在髂腰肌的肌腹或肌腱上触摸到收缩感，则判定为 1 级肌力；如触不到收缩感则为 0 级肌力。

2. 髋后伸肌群（臀大肌）肌力评定（图 8-11）

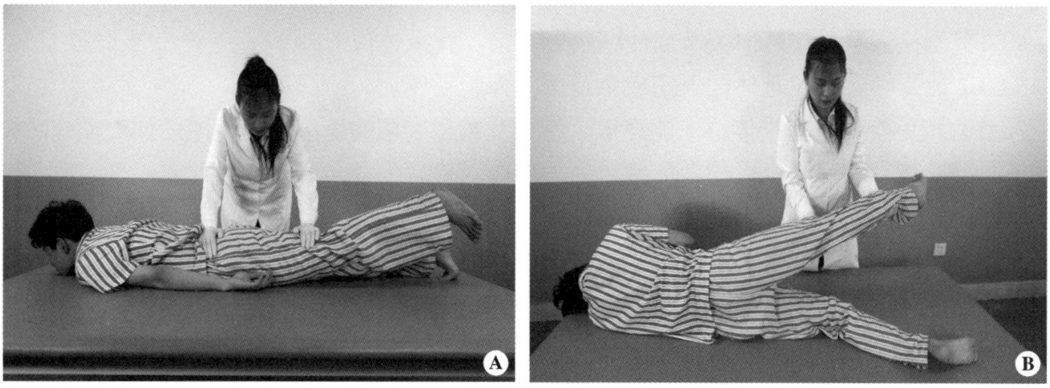

图 8-11 髋后伸肌群肌力评定

A. 髋后伸肌群（4 级肌力）；B. 髋后伸肌群（2 级肌力）

（1）受检者取俯卧位（抗重体位）。

（2）请受检者在抗重体位下完成全范围的伸髋动作。

（3）如受检者在抗重体位下能完成，则请受检者在阻力下完成全范围的伸髋动作（阻力来源：检查者一手固定受检者骨盆，另一手在受检者大腿远端后方向下施加阻力）。

如受检者能完成，则根据受检者能克服的阻力的大小评定为 4 级或 5 级肌力。只能抗中等阻力判定为 4 级肌力，能抗最大阻力为 5 级肌力。如受检者不能完成，则判定为 3 级肌力。

（4）如受检者不能在抗重体位做全范围的伸髋动作，则请受检者改为侧卧位（无重体位），做全范围的伸髋动作。如受检者能完成，则判定为 2 级肌力。

（5）如受检者不能完成，仅有微小的伸髋活动或未见伸髋活动，但可在臀大肌的肌腹或肌腱上触摸到收缩感，则判定为 1 级肌力；如触不到收缩感则为 0 级肌力。

3. 髋内收肌群（内收肌群）肌力评定（图 8-12）

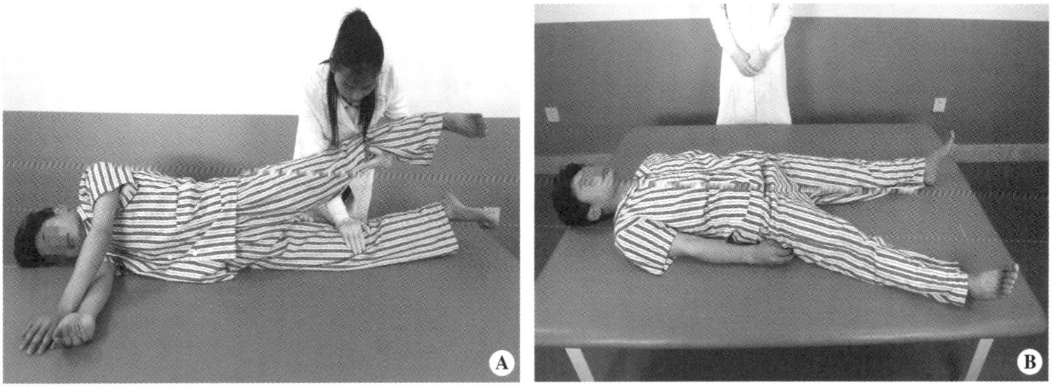

图 8-12　髋内收肌群肌力评定

A. 髋内收肌群（4 级肌力）；B. 髋内收肌群（2 级肌力）

（1）受检者取侧卧位，检查者一手抬起受检者上方大腿（抗重体位）。

（2）请受检者在抗重体位下完成下方大腿全范围的髋内收动作。

（3）如受检者在抗重体位下能完成，则请受检者在阻力下完成下方大腿全范围的髋内收动作（阻力来源：检查者一手固定受检者上方大腿，另一手在受检者下方大腿远端上方向下施加阻力）。

如受检者能完成，则根据受检者能克服的阻力的大小评定为 4 级或 5 级肌力。只能抗中等阻力判定为 4 级肌力，能抗最大阻力为 5 级肌力。如受检者不能完成，则判定为 3 级肌力。

（4）如受检者不能在抗重体位做全范围的髋内收动作，则请受检者改为仰卧位，双下肢伸直，分开呈 45°（无重体位），做全范围的髋内收动作。如受检者能完成，则判定为 2 级肌力。

（5）如受检者不能完成，仅有微小的髋内收活动或未见髋内收活动，但可在内收肌的肌腹或肌腱上触摸到收缩感，则判定为 1 级肌力；如触不到收缩感则为 0 级肌力。

4. 髋外展肌群（臀中肌）肌力评定（图 8-13）

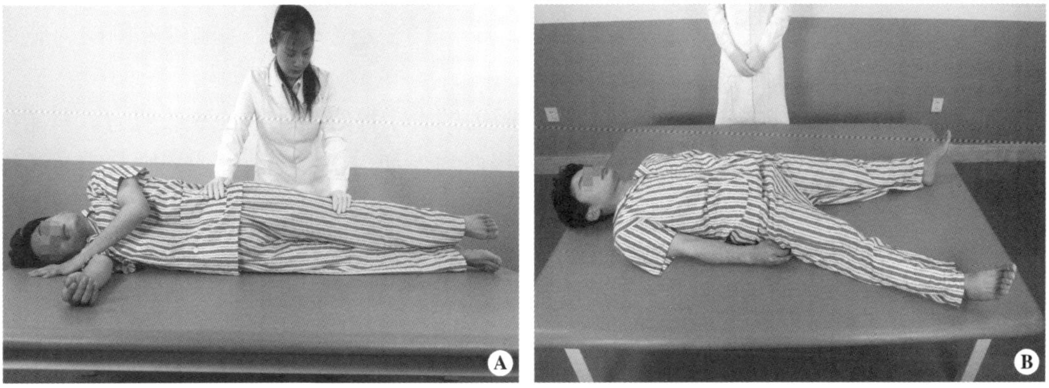

图 8-13　髋外展肌群肌力评定

A. 髋外展肌群（4 级肌力）；B. 髋外展肌群（2 级肌力）

（1）受检者取侧卧位（抗重体位）。

（2）请受检者在抗重体位下完成全范围的髋外展动作。

（3）如受检者在抗重体位下能完成，则请受检者在阻力下完成全范围的髋外展动作（阻力来源：检查者一手固定受检者骨盆，另一手在受检者大腿远端向下施加阻力）。

如受检者能完成，则根据受检者能克服的阻力的大小评定为4级或5级肌力。只能抗中等阻力判定为4级肌力，能抗最大阻力为5级肌力。如受检者不能完成，则判定为3级肌力。

（4）如受检者不能在抗重体位做全范围的髋外展动作，则请受检者改为仰卧位，双下肢伸直，呈中立位（无重体位），分开呈45°，做全范围的髋外展动作。如受检者能完成，则判定为2级肌力。

（5）如受检者不能完成，仅有微小的髋外展活动或未见髋外展活动，但可在臀中肌的肌腹或肌腱上触摸到收缩感，则判定为1级肌力；如触不到收缩感则为0级肌力。

5. 髋内旋肌群（臀小肌、阔筋膜张肌）肌力评定（图8-14）

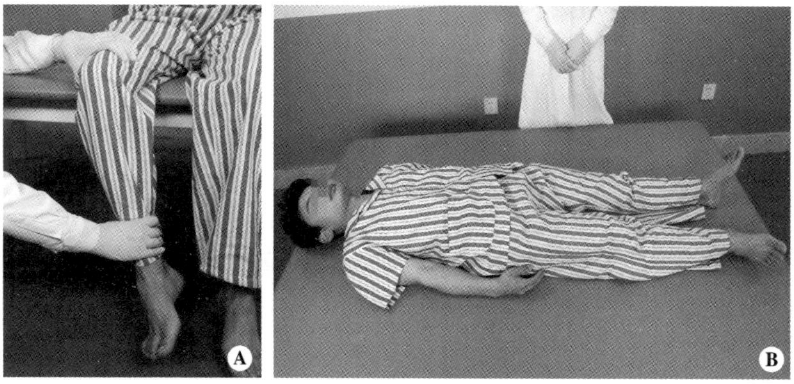

图8-14 髋内旋肌群肌力评定

A. 髋内旋肌群（4级肌力）；B. 髋内旋肌群（2级肌力）

（1）受检者取坐位，小腿垂于床沿外（抗重体位）。

（2）请受检者在抗重体位下完成全范围的髋内旋动作。

（3）如受检者在抗重体位下能完成，则请受检者在阻力下完成全范围的髋内旋动作（阻力来源：检查者一手固定受检者大腿远端，另一手在受检者小腿远端由外侧向内施加阻力）。

如受检者能完成，则根据受检者能克服的阻力的大小评定为4级或5级肌力。只能抗中等阻力判定为4级肌力，能抗最大阻力为5级肌力。如受检者不能完成，则判定为3级肌力。

（4）如受检者不能在抗重体位做全范围的髋内旋动作，则请受检者改为仰卧位，双下肢伸直，使被检查侧下肢呈外旋位（无重体位），做全范围的髋内旋动作。如受检者能完成，则判定为2级肌力。

（5）如受检者不能完成，仅有微小的髋内旋活动或未见髋内旋活动，但可在臀小肌、阔筋膜张肌的肌腹或肌腱上触摸到收缩感，则判定为1级肌力；如触不到收缩感则为0级肌力。

6. 髋外旋肌群（臀大肌、股方肌、梨状肌）肌力评定（图 8-15）

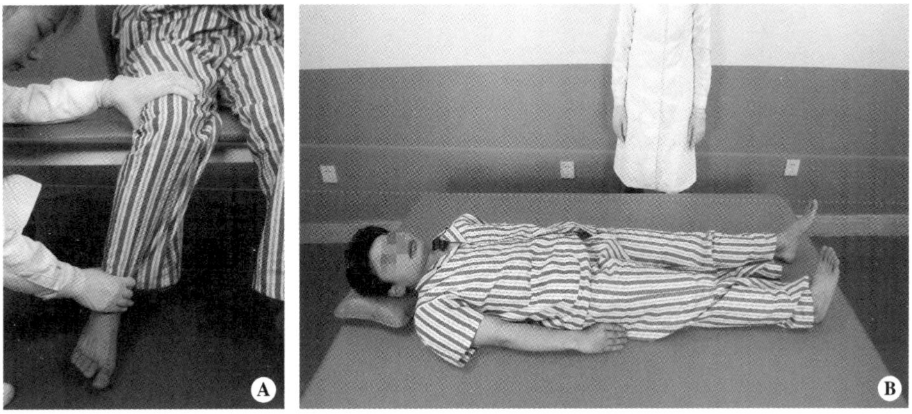

图 8-15　髋外旋肌群肌力评定

A. 髋外旋肌群（4 级肌力）；B. 髋外旋肌群（2 级肌力）

（1）受检者取坐位，小腿垂于床沿外（抗重体位）。

（2）请受检者在抗重体位下完成全范围的髋外旋动作。

（3）如受检者在抗重体位下能完成，则请受检者在阻力下完成全范围的髋外旋动作（阻力来源：检查者一手固定受检者大腿远端，另一手在受检者小腿远端由内侧向外施加阻力）。

如受检者能完成，则根据受检者能克服的阻力的大小评定为 4 级或 5 级肌力。只能抗中等阻力判定为 4 级肌力，能抗最大阻力为 5 级肌力。如受检者不能完成，则判定为 3 级肌力。

（4）如受检者不能在抗重体位做全范围的髋外旋动作，则请受检者改为仰卧位，双下肢伸直，使被检查侧下肢呈内旋位（无重体位），做全范围的髋外旋动作。如受检者能完成，则判定为 2 级肌力。

（5）如受检者不能完成，仅有微小的髋外旋活动或未见髋外旋活动，但可在臀大肌、股方肌、梨状肌的肌腹或肌腱上触摸到收缩感，则判定为 1 级肌力；如触不到收缩感则为 0 级肌力。

7. 屈膝肌群（股二头肌、半腱肌、半膜肌）肌力评定（图 8-16）

（1）受检者取俯卧位（抗重体位）。

（2）请受检者在抗重体位下完成全范围的屈膝动作。

（3）如受检者在抗重体位下能完成，则请受检者在阻力下完成全范围的屈膝动作（阻力来源：检查者一手固定受检者大腿远端，另一手在受检者小腿远端后方向下施加阻力）。

如受检者能完成，则根据受检者能克服的阻力的大小评定为 4 级或 5 级肌力。只能抗中等阻力判定为 4 级肌力，能抗最大阻力为 5 级肌力。如受检者不能完成，则判定为 3 级肌力。

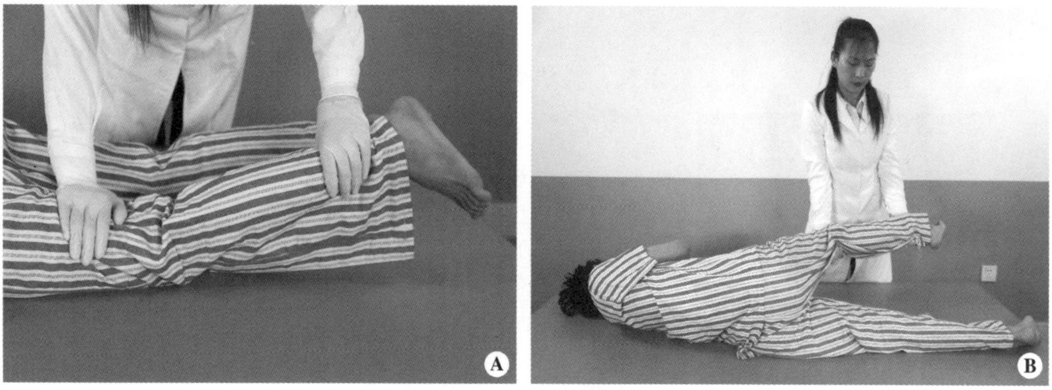

图 8-16 屈膝肌群肌力评定

A. 屈膝肌群（4 级肌力）；B. 屈膝肌群（2 级肌力）

（4）如受检者不能在抗重体位做全范围的屈膝动作，则请受检者改为侧卧位（无重体位）。检查者抬起受检者一侧腿，另一侧腿做全范围的屈膝动作。如受检者能完成，则判定为 2 级肌力。

（5）如受检者不能完成，仅有微小的屈膝活动或未见屈膝活动，但可在股二头肌、半腱肌、半膜肌的肌腹或肌腱上触摸到收缩感，则判定为 1 级肌力；如触不到收缩感则为 0 级肌力。

8. 伸膝肌群（股四头肌）肌力评定（图 8-17）

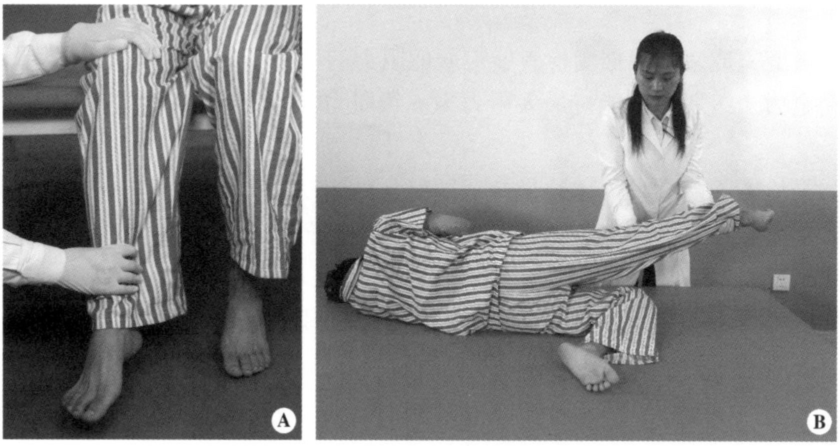

图 8-17 伸膝肌群肌力评定

A. 伸膝肌群（4 级肌力）；B. 伸膝肌群（2 级肌力）

（1）受检者取坐位或仰卧位，小腿在床边下垂（抗重体位）。

（2）请受检者在抗重体位下完成全范围的伸膝动作。

（3）如受检者在抗重体位下能完成，则请受检者在阻力下完成全范围的伸膝动作（阻力来源：检查者一手固定受检者大腿远端，另一手在受检者小腿远端前方向后施加阻力）。

如受检者能完成，则根据受检者能克服的阻力的大小评定为 4 级或 5 级肌力。只能抗中等阻力判定为 4 级肌力，能抗最大阻力为 5 级肌力。如受检者不能完成，则判定为 3 级肌力。

（4）如受检者不能在抗重体位做全范围的伸膝动作，则请受检者改为侧卧位，检查者抬起受检者上方肢体，受检者最大范围地屈曲下方肢体（无重体位）。如受检者能完成伸膝动作，则判定为 2 级肌力。

（5）如受检者不能完成，仅有微小的伸膝活动或未见伸膝活动，但可在股四头肌的肌腹或肌腱上触摸到收缩感，则判定为 1 级肌力；如触不到收缩感则为 0 级肌力。

9. 踝跖屈肌群（腓肠肌、比目鱼肌）肌力评定（图 8-18）

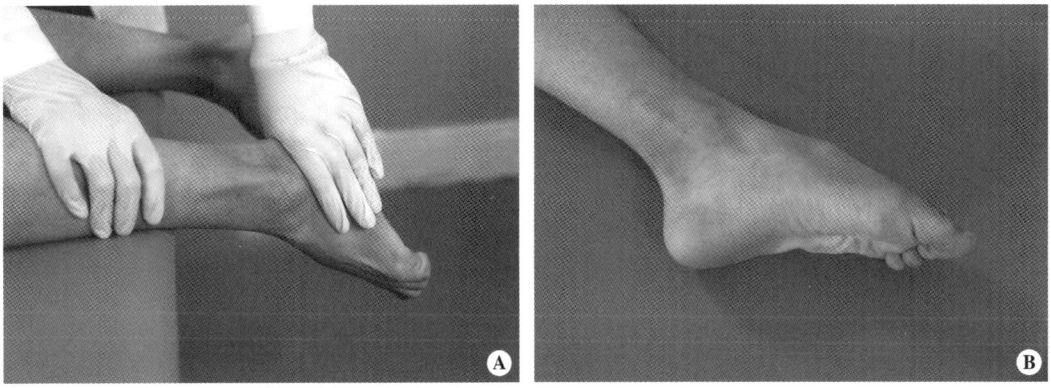

图 8-18　踝跖屈肌群肌力评定

A. 踝跖屈肌群（4 级肌力）；B. 踝跖屈肌群（2 级肌力）

（1）受检者取俯卧位（测试腓肠肌时伸膝，测试比目鱼肌时屈膝），踝关节中立位（抗重体位）。

（2）请受检者在抗重体位下完成全范围的踝跖屈动作。

（3）如受检者在抗重体位下能完成，则请受检者在阻力下完成全范围的踝跖屈动作（阻力来源：检查者一手固定受检者小腿远端，另一手在受检者足跟处向下施加阻力）。

如受检者能完成，则根据受检者能克服的阻力的大小评定为 4 级或 5 级肌力。只能抗中等阻力判定为 4 级肌力，能抗最大阻力为 5 级肌力。如受检者不能完成，则判定为 3 级肌力。

（4）如受检者不能在抗重体位做全范围的踝跖屈动作，则请受检者改为仰卧位，下肢外旋，踝关节中立位（无重体位），做全范围的踝跖屈动作。如受检者能完成，则判定为 2 级肌力。

（5）如受检者不能完成，仅有微小的踝跖屈活动或未见踝跖屈活动，但可在腓肠肌、比目鱼肌的肌腹或肌腱上触摸到收缩感，则判定为 1 级肌力；如触不到收缩感则为 0 级肌力。

10. 踝背伸肌群（胫前肌）肌力评定（图 8-19）

（1）受检者取坐位，小腿自然下垂，踝关节中立位（抗重体位）。

（2）请受检者在抗重体位下完成全范围的踝背伸动作。

（3）如受检者在抗重体位下能完成，则请受检者在阻力下完成全范围的踝背伸动作（阻力来源：检查者一手固定受检者小腿远端，另一手在足背处向下施加阻力）。

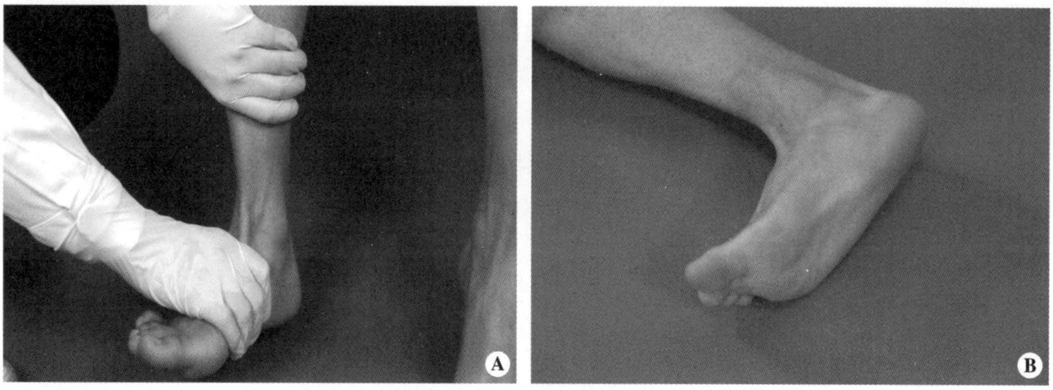

图 8-19 踝背伸肌群肌力评定

A. 踝背伸肌群（4 级肌力）；B. 踝背伸肌群（2 级肌力）

如受检者能完成，则根据受检者能克服的阻力的大小评定为 4 级或 5 级肌力。只能抗中等阻力判定为 4 级肌力，能抗最大阻力为 5 级肌力。如受检者不能完成，则判定为 3 级肌力。

（4）如受检者不能在抗重体位做全范围的踝背伸动作，则请受检者改为仰卧位，下肢外旋，踝关节中立位（无重体位），做全范围的踝背伸动作。如受检者能完成，则判定为 2 级肌力。

（5）如受检者不能完成，仅有微小的踝背伸活动或未见踝背伸活动，但可在胫前肌的肌腹或肌腱上触摸到收缩感，则判定为 1 级肌力；如触不到收缩感则为 0 级肌力。

（三）躯干肌力评定

1. 躯干屈曲肌群（腹直肌）肌力评定（图 8-20）

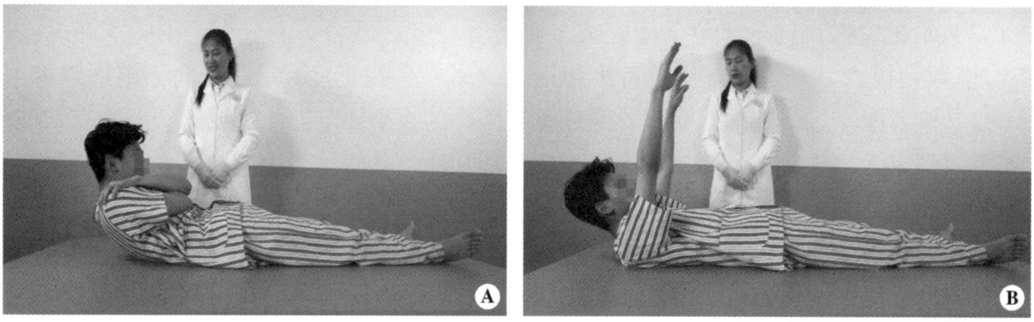

图 8-20 躯干屈曲肌群肌力评定

A. 躯干屈曲肌群（4 级肌力）；B. 躯干屈曲肌群（2 级肌力）

（1）受检者取仰卧位。

（2）请受检者双手平举坐起（抬起肩及头部）。

（3）如受检者能完成，则请受检者双上肢胸前交叉抱肩坐起，如受检者不能完成，则判定为 3 级肌力。

如受检者能双上肢胸前交叉抱肩坐起，则请受检者改为双手抱头坐起，如受检者不能完成，则判定为 4 级肌力。如受检者双手抱头能坐起，则判定为 5 级肌力。

（4）如受检者双手平举不能坐起，仅能完成屈颈抬头，肩不能离开床面，则判定为 2 级肌力。

（5）如受检者不能抬起头，仅在腹直肌的肌腹或肌腱上触摸到收缩感，则为 1 级肌力。如受检者不能抬起头，在腹直肌也触不到收缩感则为 0 级肌力。

2. 躯干后伸肌群（胸部伸肌、腰部伸肌）肌力评定（图 8-21）

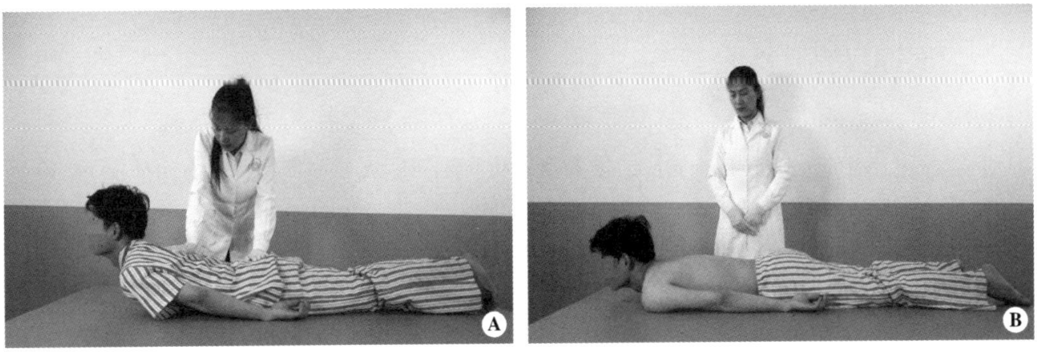

图 8-21 躯干后伸肌群肌力评定

A. 躯干后伸肌群（4 级肌力）；B. 躯干后伸肌群（2 级肌力）

（1）受检者取俯卧位，固定骨盆及胸下部。

（2）请受检者挺胸背抬起上半身。

（3）如受检者在抗重体位下能完成，则请受检者在阻力下完成全范围的躯干背伸动作（阻力来源：检查者在受检者背上部施加阻力）。

如受检者能完成，则根据受检者能克服的阻力的大小评定为 4 级或 5 级肌力。只能抗中等阻力判定为 4 级肌力，能抗最大阻力为 5 级肌力。如受检者不能完成，则判定为 3 级肌力。

（4）如受检者在抗重体位仅能抬头后仰，则判定为 2 级肌力。

（5）如受检者不能抬头后仰，仅可在胸部伸肌、腰部伸肌的肌腹或肌腱上触摸到收缩感，则判定为 1 级肌力；如触不到收缩感则为 0 级肌力。

四、注意事项

1. 选定适合的评定时间，向受检者解释评定目的，并示范动作。

2. 检查进行肌力评定所涉及的关节是否存在活动受限，并按要求用手将受检者需评定的躯干或肢体固定，使之处于能够单纯完成某一动作的最佳状态，减少协同肌、拮抗肌的干扰作用。

3. 确定测量体位，保证受检者体位舒适，充分暴露被检查部位，测量时关节活动不受限。

4. 中枢神经系统疾病所致的痉挛性瘫痪不宜做徒手肌力评定。

实训九　关节活动度评定技术

一、实训目的与要求

1. 素质目标

学生通过小组合作完成全身主要关节活动度的评定，培养学生团队协作能力。

2. 知识目标

掌握全身主要关节的活动度范围和评定时的注意事项。

3. 技能目标

学会全身主要关节活动度的测量方法，并能对结果进行判断和分析。

二、实训前准备

1. 环境

光线充足，通风良好，温度22～25℃，湿度适宜，地面干净、防滑。

2. 物品准备

量角器、治疗床、治疗凳。

3. 人员准备

工作服干净整洁，妆容素雅，长发束扎，手部清洁，修剪指甲，勿佩戴饰物。

三、实训内容与方法

（一）上肢关节

1. 肩前屈、后伸活动度（图9-1、图9-2）

体位：受检者取坐位、立位或仰卧位，肱骨处于中立位，上臂垂于体侧，肘关节伸直。

放置量角器：轴心位于肱骨侧面的肩峰下方，固定臂平行于躯干（腋中线），移动臂平行于肱骨中线。

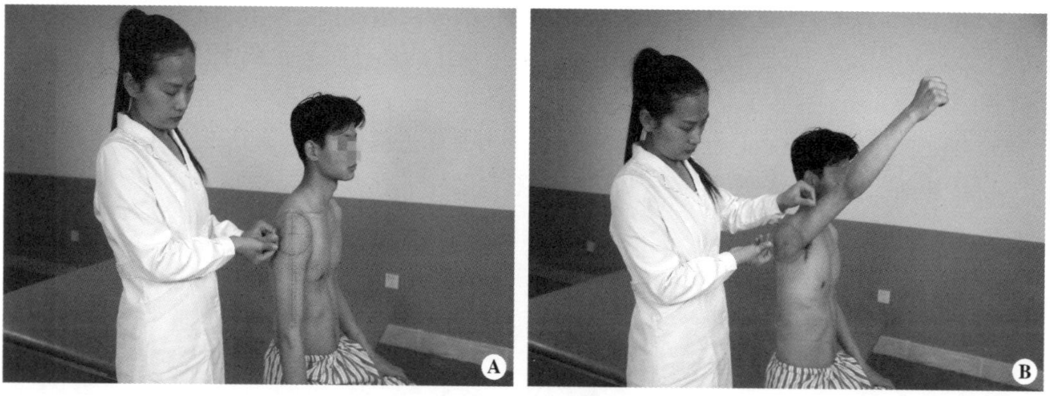

图9-1　肩前屈活动度测量

A. 肩前屈活动度（起始体位）；B. 肩前屈活动度（终末体位）

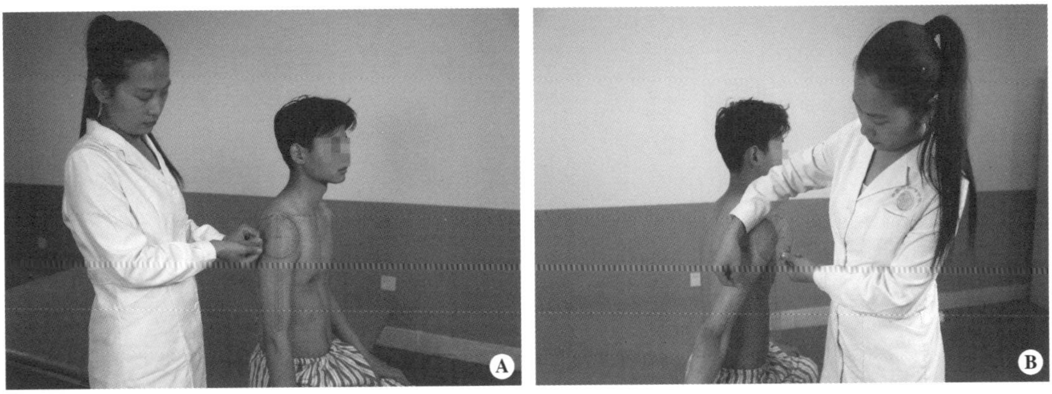

图 9-2　肩后伸活动度测量

A. 肩后伸活动度（起始体位）；B. 肩后伸活动度（终末体位）

运动测量：①肩前屈：上肢绕冠状轴在矢状面上向前上方运动；②肩后伸：上肢在矢状面上向后上方运动。

正常范围：前屈 0°～180°，后伸 0°～60°。

注意事项：测量时应避免弓背、转动躯干等连带动作；在测量肩前屈时，轴心逐渐移向肩的后部，终末体位的轴心应置于三角肌所形成的皱褶末端。肩后伸时，肩胛骨应轻微向上倾斜，避免肩胛骨的过度运动。

2. 肩外展、内收活动度（图 9-3、图 9-4）

体位：受检者取坐位、立位或仰卧位，肱骨处于外旋位，上肢垂于体侧。

放置量角器：轴心位于肩关节前面，并与肩峰水平；固定臂平行于躯干中线；移动臂平行于肱骨中线。

运动测量：沿矢状轴运动。

正常范围：外展 0°～180°，内收 0°～45°。

注意事项：必须向外侧最大限度地旋转肩关节。避免躯干做向侧方运动、转动躯干的连带动作。

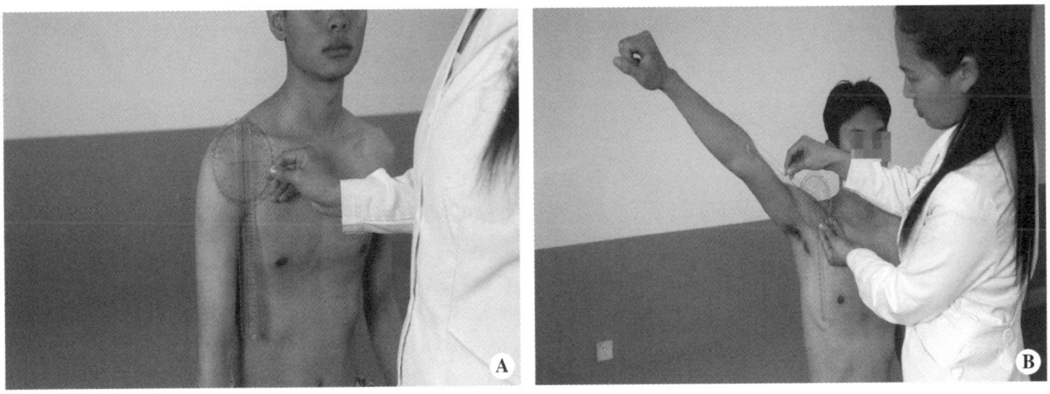

图 9-3　肩外展活动度测量

A. 肩外展活动度（起始体位）；B. 肩外展活动度（终末体位）

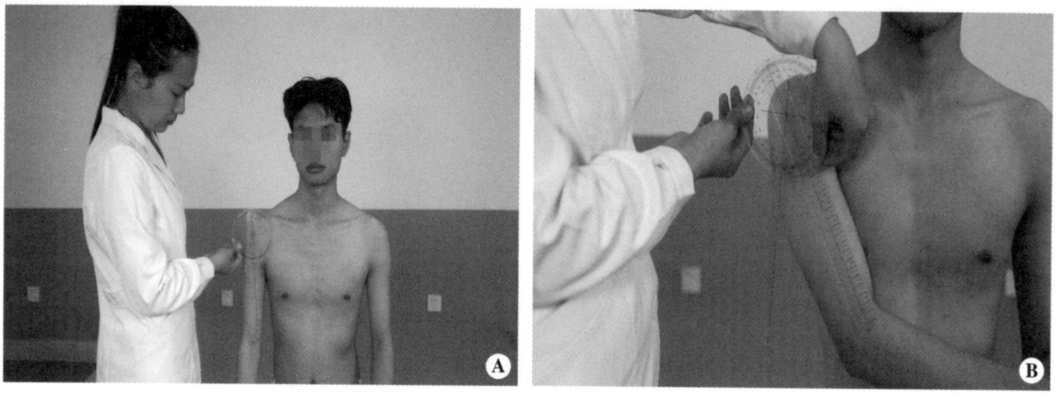

图 9-4　肩内收活动度测量

A. 肩内收活动度（起始体位）；B. 肩内收活动度（终末体位）

3. 肩外展内旋、外展外旋活动度（图 9-5、图 9-6）

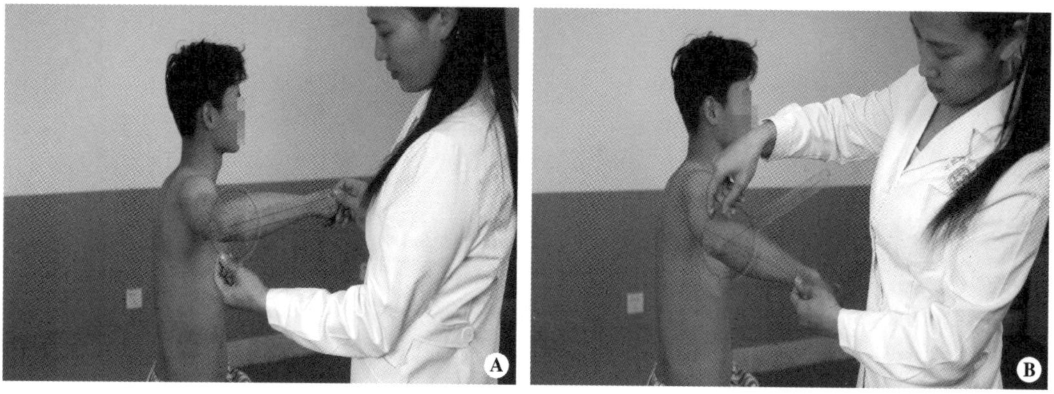

图 9-5　肩外展内旋活动度测量

A. 肩外展内旋活动度（起始体位）；B. 肩外展内旋活动度（终末体位）

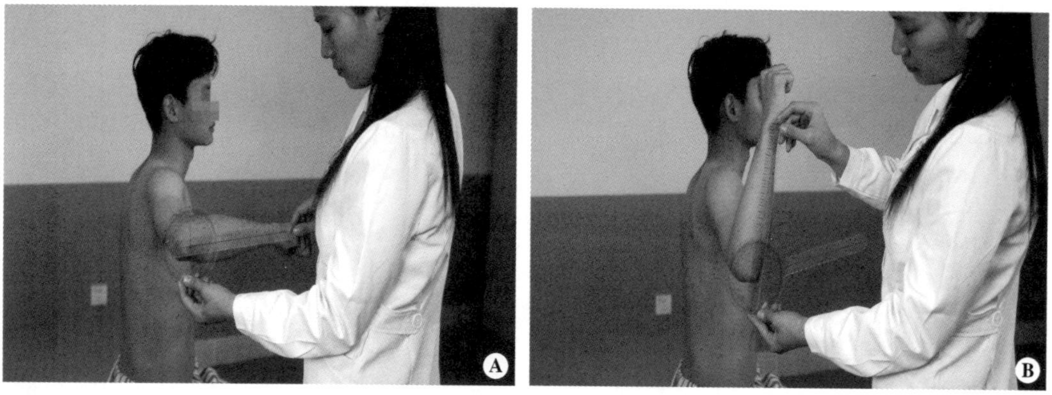

图 9-6　肩外展外旋活动度测量

A. 肩外展外旋活动度（起始体位）；B. 肩外展外旋活动度（终末体位）

体位：受试者取坐位或仰卧位，臂外展 90°，肘关节屈曲 90°，前臂中立位并与身体冠状面垂直。

放置量角器：轴心通过肱骨的垂直轴或尺骨鹰嘴突，固定臂平行于前臂中心线或垂直于躯干面，活动臂平行于前臂中心线或平行于尺骨长轴。

运动测量：①肩外展内旋：前臂在矢状面上向下肢的方向运动；②肩外展外旋：前臂在矢状面向头部方向运动。

正常范围：外展内旋 0°～70°，外展外旋 0°～90°。

注意事项：避免伸展肩关节、旋转躯干的连带动作，改变肩肘关节的初始角度；测量时固定臂仍保留在原来的位置，移动臂随前臂移动。

4. 肘屈伸活动度（图 9-7、图 9-8）

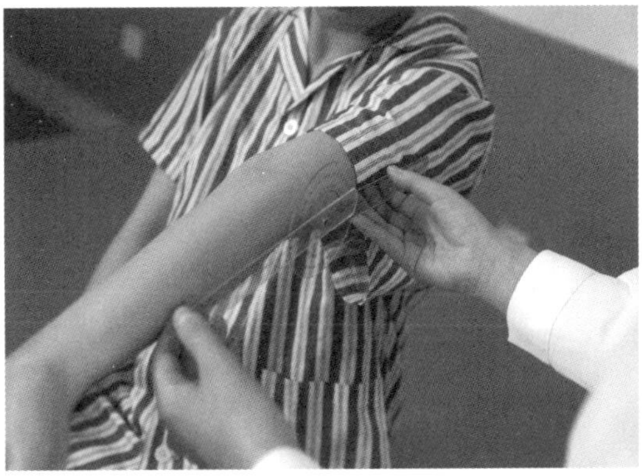

图 9-7　伸肘活动度测量

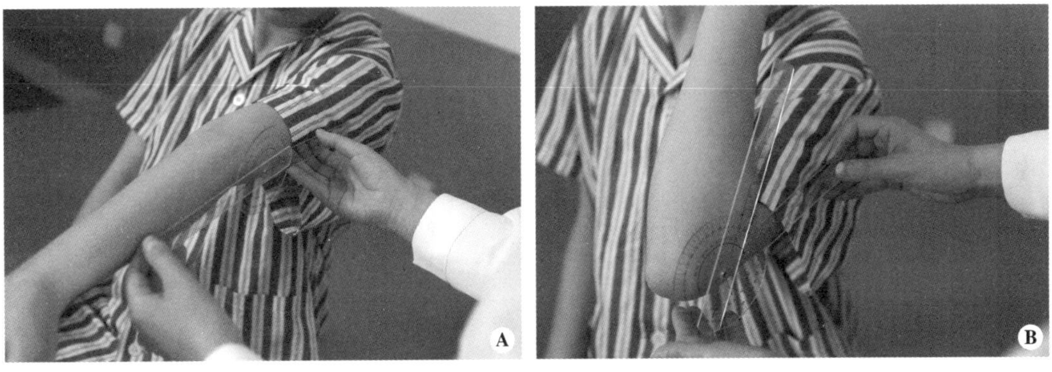

图 9-8　屈肘活动度测量

A. 屈肘活动度（起始体位）；B. 屈肘活动度（终末体位）

体位：受检者取立位、坐位或仰卧位，肩关节外旋，肱骨紧靠躯干，前臂旋后。

放置量角器：轴心位于肘关节侧面肱骨外上髁，固定臂平行于肱骨中线，移动臂平行于前臂中线。

运动测量：前臂在矢状面绕冠状轴运动。

正常范围：屈曲 0°～150°，伸展 0°～5°。

注意事项：运动时由于肌肉活动，肘关节肱骨外上髁的位置会发生变化，量角器的轴心在终末位时需要重新放置。

5. 前臂旋前、旋后活动度（图 9-9、图 9-10）

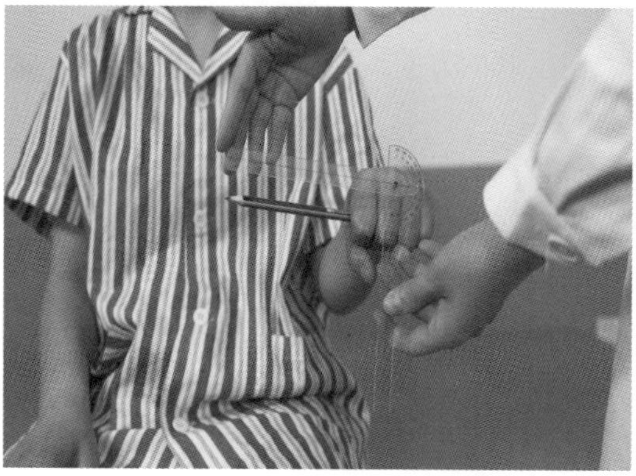

图 9-9 前臂旋前活动度测量

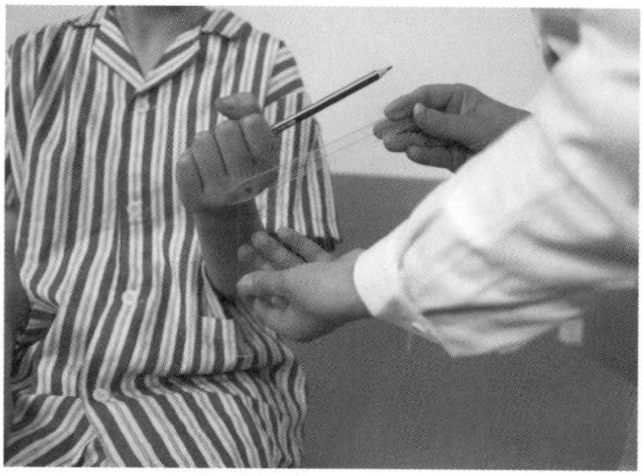

图 9-10 前臂旋后活动度测量

体位：受检者取坐位或立位，上臂位于体侧，上臂紧靠躯干，肘关节屈曲 90°，前臂中立位（与身体冠状面垂直），手心向内，腕关节中立位呈握铅笔状。

放置量角器：轴心位于尺骨茎突外侧，固定臂平行于肱骨中线，移动臂平行于桡骨茎突和尺骨茎突的连线。

运动测量：①前臂旋后：在水平面上，拇指向外侧，手掌向上运动；②前臂旋前：在水平面上，拇指向内侧，手掌向下运动。

正常范围：旋后 0°～90°，旋前 0°～90°。

注意事项：嘱受检者上臂紧靠躯干，避免肩关节的连带动作，改变肘关节和腕关节角度。

6. 腕掌屈、背伸活动度（图 9-11、图 9-12）

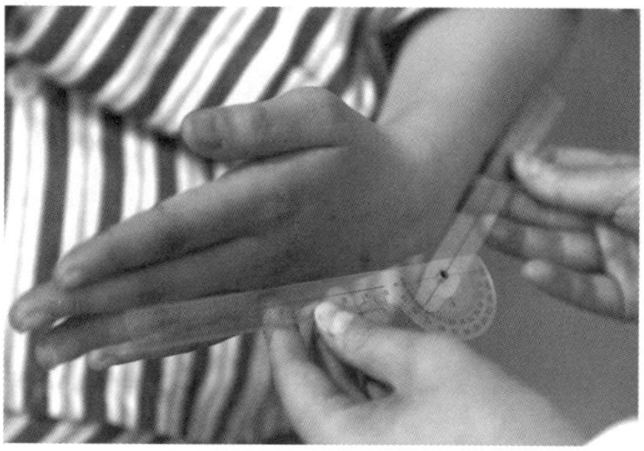

图 9-11 腕掌屈活动度测量

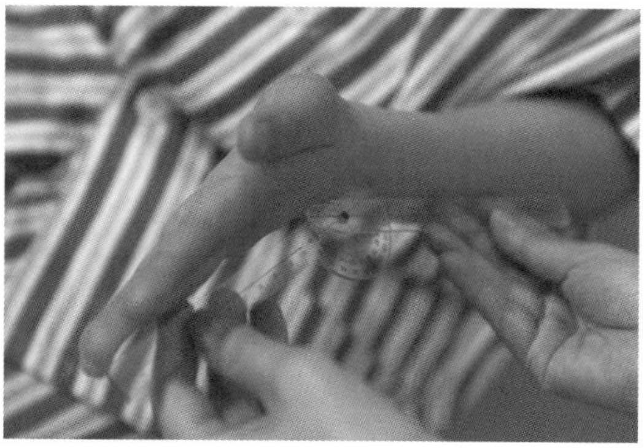

图 9-12 腕背伸活动度测量

体位：受检者取坐位，屈肘，前臂中立位（或前臂旋前放于桌上），腕关节中立位。

放置量角器：轴心位于腕关节背侧第三掌骨根部或位于尺骨茎突，固定臂紧贴前臂背侧中线，移动臂紧贴手背正中或与第五掌骨长轴平行。

运动测量：①腕掌屈：手掌在矢状面绕冠状轴运动，向前臂屈侧靠近；②腕背伸：手背在矢状面绕冠状轴运动，向前臂伸侧靠近。

正常范围：掌屈 0°～90°，背伸 0°～70°。

注意事项：避免前臂旋转影响活动范围。

7. 腕桡偏、尺偏关节活动（图 9-13、图 9-14）

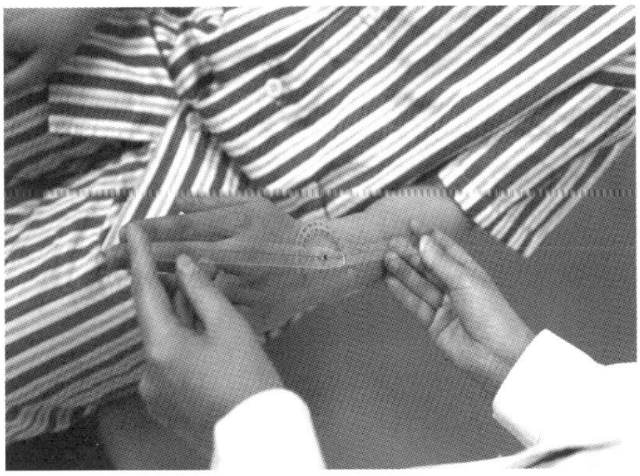

图 9-13　腕桡偏活动度测量

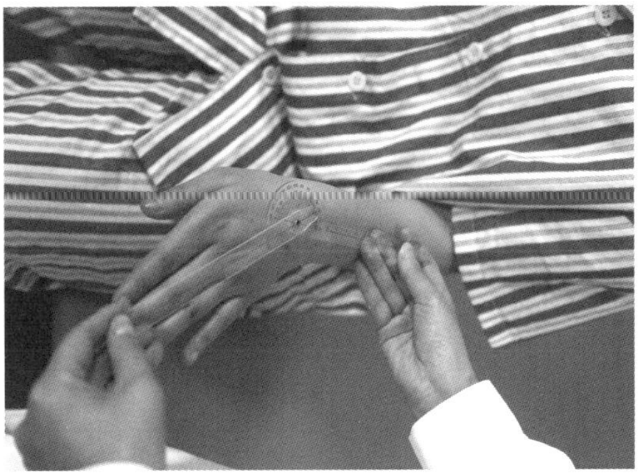

图 9-14　腕尺偏活动度测量

体位：受检者取坐位，前臂旋前，腕关节处于中立位，手心向下。

放置量角器：轴心位于腕关节背侧第三掌骨根部，固定臂紧贴前臂背侧中线，移动臂紧贴手背正中或与第三掌骨长轴平行。

运动测量：手腕沿冠状面运动。

正常范围：桡偏 0°～25°，尺偏 0°～30°。

注意事项：固定前臂、肘关节，防止代偿运动。

（二）下肢关节

1. 髋屈曲、伸展活动度（图 9-15～图 9-17）

体位：屈髋时受检者取仰卧位；伸髋时受检者取俯卧位，髋关节伸展，骨盆紧贴床面。

放置量角器：轴心位于股骨大转子，固定臂与躯干腋中线平行，移动臂与股骨长轴平行，并指向股骨外上髁。

运动测量：髋关节在矢状面运动。

正常范围：膝关节伸直时，髋关节屈曲 0°～90°；膝关节屈曲时，髋关节屈曲 0°～120°。髋关节伸展 0°～30°。

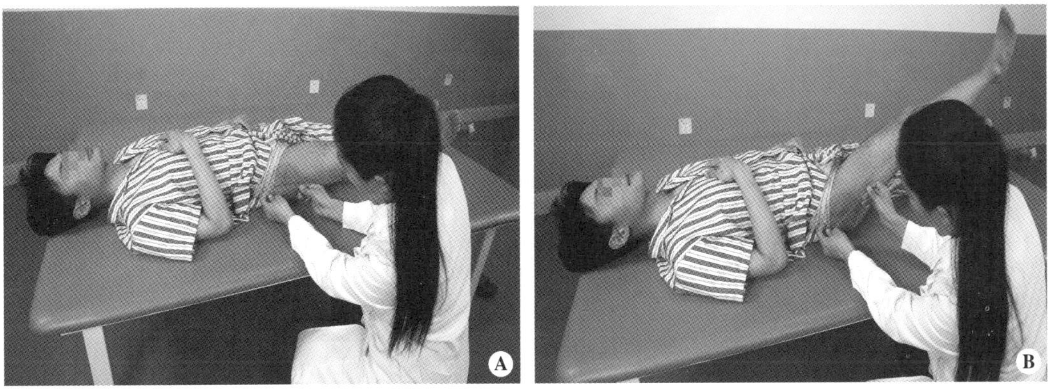

图 9-15　伸膝屈髋活动度测量

A. 伸膝屈髋活动度（起始体位）；B. 伸膝屈髋活动度（终末体位）

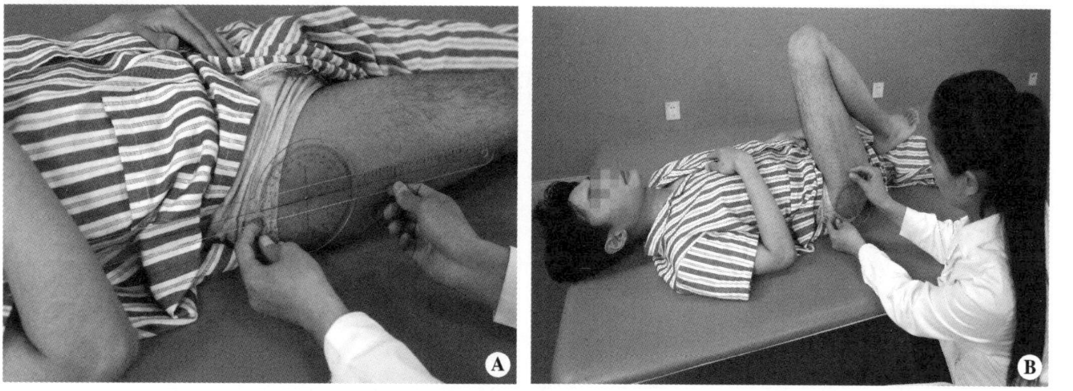

图 9-16　屈膝屈髋活动度测量

A. 屈膝屈髋活动度（起始体位）；B. 屈膝屈髋活动度（终末体位）

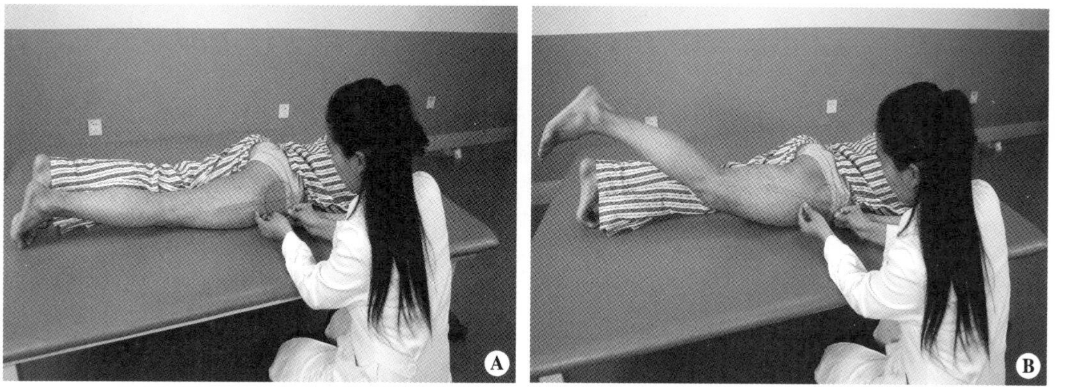

图 9-17　伸膝伸髋活动度测量

A. 伸膝伸髋活动度（起始体位）；B. 伸膝伸髋活动度（终末体位）

注意事项：在测量过程中避免膝关节屈曲或伸展时腰椎屈曲的代偿运动。

2. 髋外展、内收活动度（图 9-18、图 9-19）

体位：受检者取仰卧位，避免大腿旋转，对侧下肢伸展。

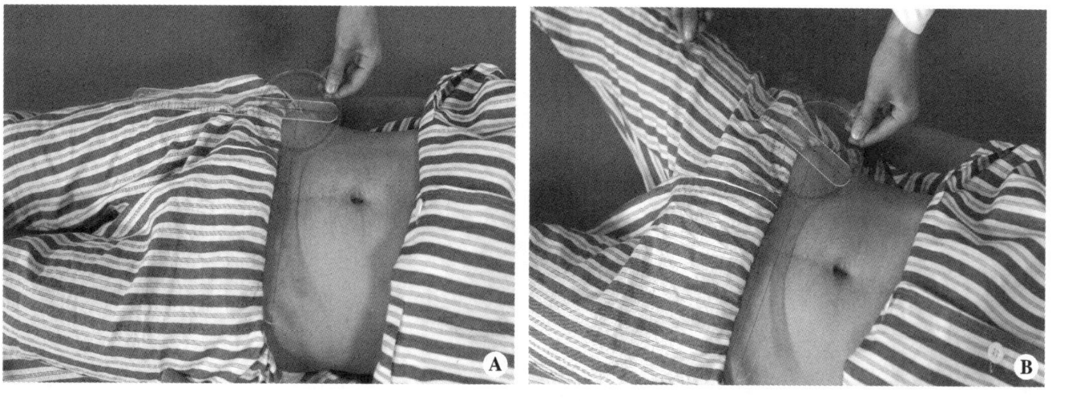

图 9-18　髋外展活动度测量

A. 髋外展活动度（起始体位）；B. 髋外展活动度（终末体位）

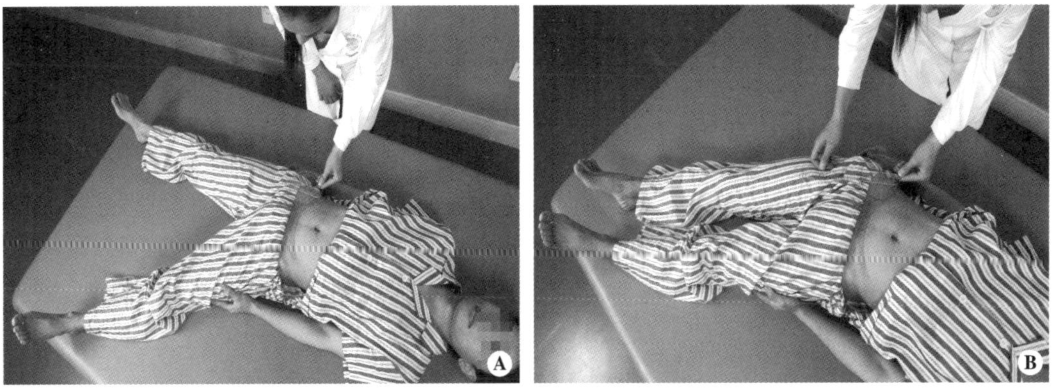

图 9-19 髋内收活动度测量

A. 髋内收活动度（起始体位）；B. 髋内收活动度（终末体位）

放置量角器：轴心位于髂前上棘，固定臂平行两髂前上棘连线，移动臂平行于股骨干。

运动测量：髋关节绕矢状轴做冠状面运动。

正常范围：外展 0°～45°，内收 0°～30°。

注意事项：测量髋内收活动度时，未测下肢应外展，置于检查台边；起始体位固定臂和移动臂夹角为 90°，故测量后需用读数减去 90°以获得正确的关节活动度。测量髋外展内收活动度时，避免髋关节外旋、内旋的代偿运动。

3. 髋内旋、外旋关节活动度（图 9-20、图 9-21）

体位：受检者取坐位，屈髋、屈膝 90°，两小腿垂于床缘外。

放置量角器：轴心位于髌骨中点；固定臂垂直地面；移动臂与胫骨中线长轴平行。

运动测量：髋关节在水平面运动。

正常范围：内旋 0°～45°，外旋 0°～45°。

注意事项：避免连带动作，躯干、股部抬离台面。

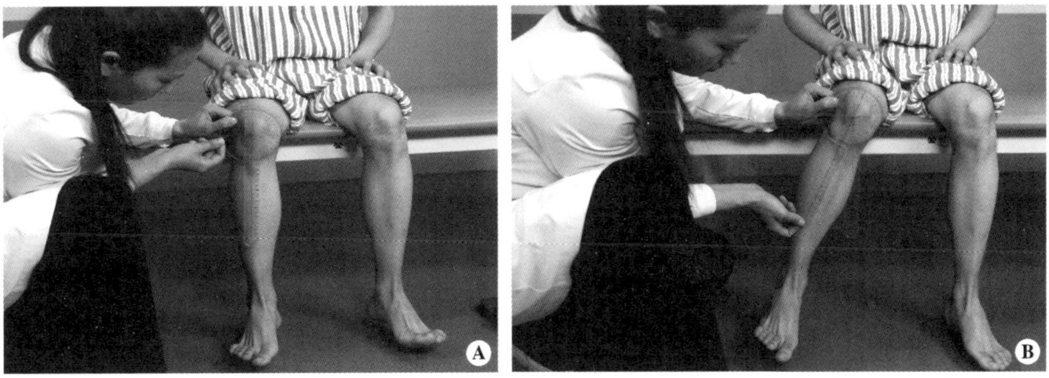

图 9-20 髋内旋活动度测量

A. 髋内旋活动度（起始体位）；B. 髋内旋活动度（终末体位）

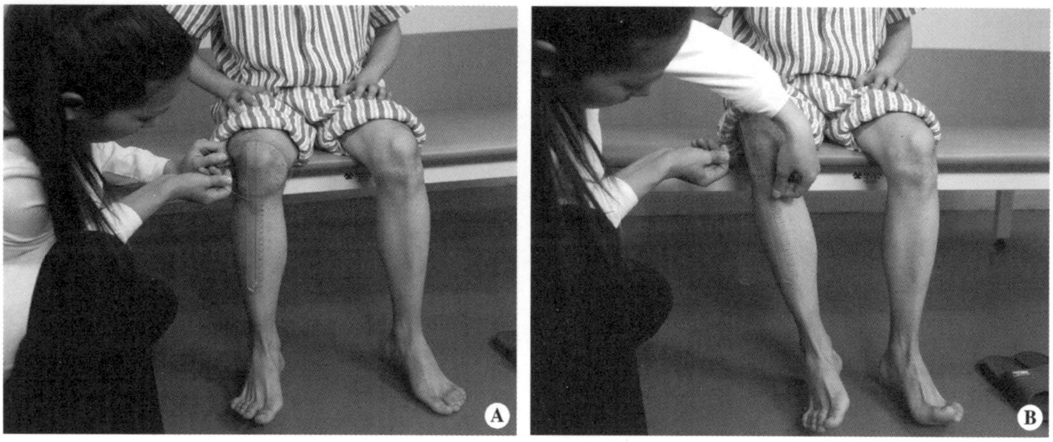

图 9-21 髋外旋活动度测量

A. 髋外旋活动度（起始体位）；B. 髋外旋活动度（终末体位）

4. 膝关节屈伸活动度（图 9-22、图 9-23）

体位：受检者取俯卧位，髋关节在矢状面和冠状面呈自然中立位（内收、外展、内旋、外旋角度均为 0°）。测量屈膝关节活动时，膝关节应伸直，测量伸膝关节活动时，膝关节应屈曲至最大范围。

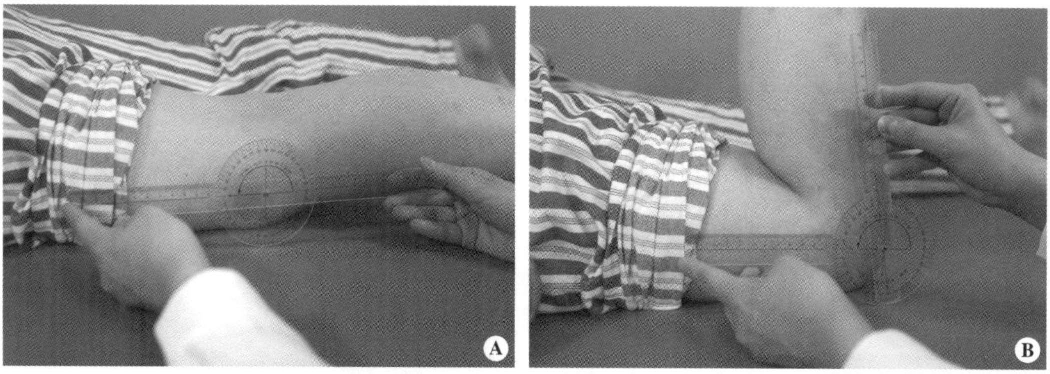

图 9-22 屈膝活动度测量

A. 屈膝活动度（起始体位）；B. 屈膝活动度（终末体位）

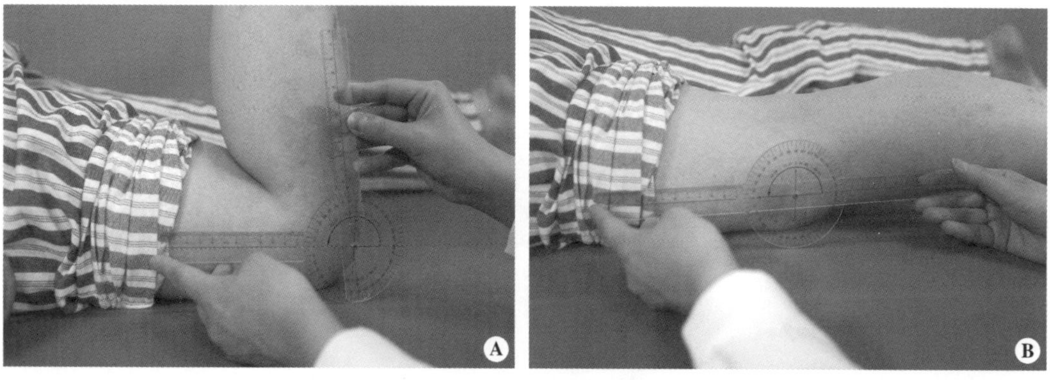

图 9-23 伸膝活动度测量

A. 伸膝活动度（起始体位）；B. 伸膝活动度（终末体位）

放置量角器：轴心通过膝关节外侧横纹头或腓骨小头（股骨外上髁）；固定臂与股骨纵轴平行；移动臂与胫骨纵轴平行（腓骨小头与外踝连线）。

运动测量：膝关节在矢状面运动。

正常范围：屈曲 0°～135°，伸展 0°。

注意事项：固定被检侧大腿，避免髋关节旋转、屈曲、外展的代偿运动。

5. 踝背屈、跖屈关节活动度（图 9-24、图 9-25）

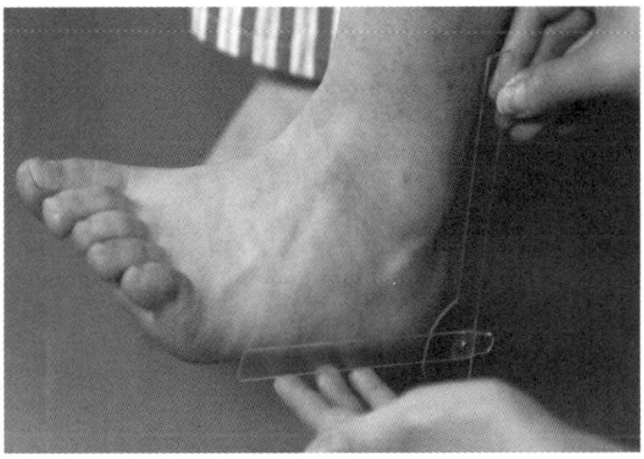

图 9-24　踝背屈活动度

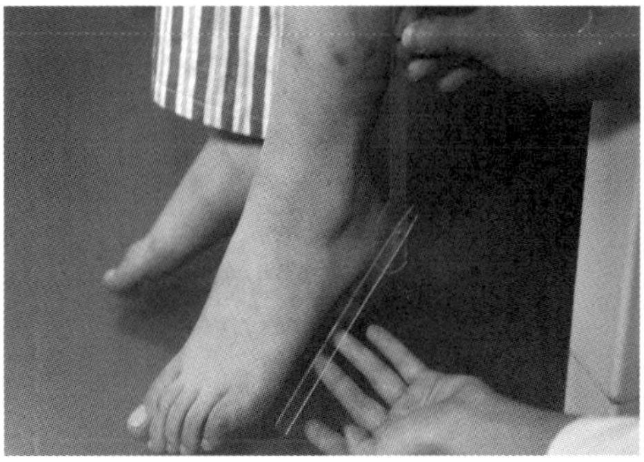

图 9-25　踝跖屈活动度

体位：受检者取坐位，屈膝 90°，足与腿呈 90°（踝关节处于中立位，小腿与足背呈 90°）。

放置量角器：轴心位于外踝（或紧靠足底，腓骨轴线与足外侧交叉处），固定臂与腓骨纵轴平行，活动臂与足底平行（或与第五跖骨纵轴平行）。

正常范围：背屈 0°～20°，跖屈 0°～45°。

注意事项：测量起始体位时，固定臂和移动臂夹角位呈 90°，故测量踝跖屈活动度时需用读数减去 90°，测量踝背屈活动度时需用 90°减去读数，以获得正确的关节活动度。

（三）颈部关节

1. 颈前屈、后伸关节活动度（图 9-26、图 9-27）

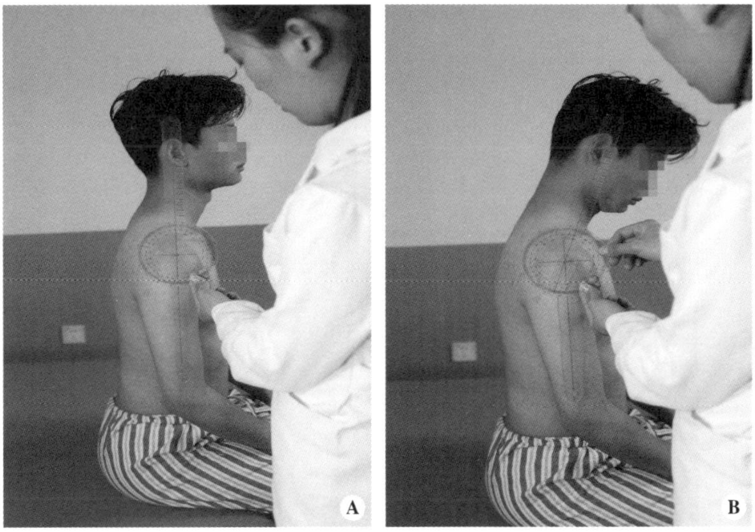

图 9-26　颈前屈活动度测量

A. 颈前屈活动度（起始体位）；B. 颈前屈活动度（终末体位）

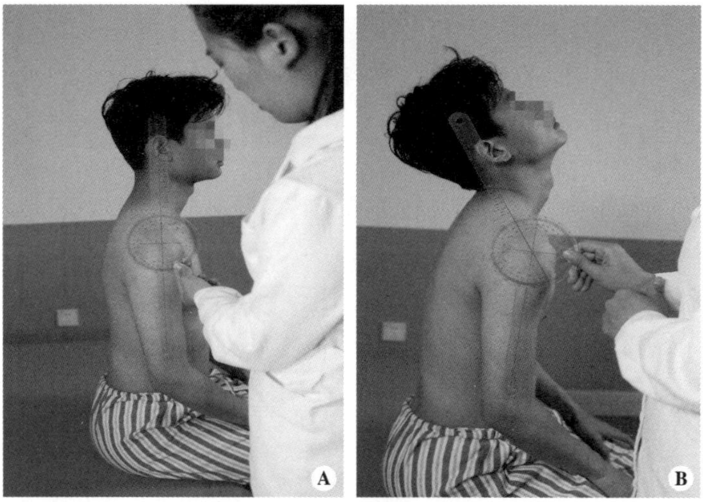

图 9-27 颈后伸活动度测量

A. 颈后伸活动度（起始体位）；B. 颈后伸活动度（终末体位）

体位：受检者取端坐位或直立位，胸腰椎正直。

放置量角器：轴心位于肩峰（或外耳道中点），固定臂通过肩峰的垂直线或平行前额面中心线或与地面垂直，移动臂和外耳道与头顶连线一致。

运动测量：①颈前屈：受检者屈颈使下颌贴近胸部，检查者测量运动起始体位与终末体位之间的角度或从下颌至胸骨角的距离；②颈后伸：受检者仰望天花板使头的背侧靠近背部，检查者测量运动起始体位与终末体位之间的角度或从下颌至胸骨角的距离。

正常范围：前屈 0°～45°，后伸 0°～45°。

注意事项：测量开始时颈椎处于中立位，面向前，眼平视，下颌内收。避免胸腰椎屈曲、伸展的代偿运动。

2. 颈侧屈活动度（图 9-28）

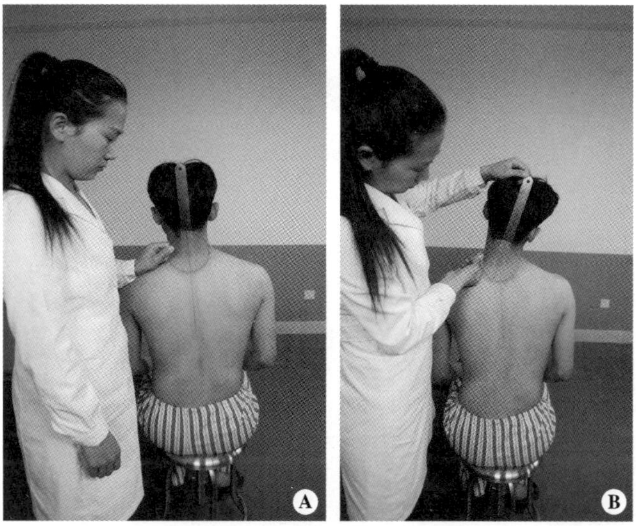

图 9-28 颈侧屈活动度测量

A. 颈侧屈活动度（起始体位）；B. 颈侧屈活动度（终末体位）

体位：受检者取端坐位或直立位，固定脊柱。

放置量角器：轴心在第 7 颈椎棘突，固定臂与第 7 颈椎和第 5 腰椎棘突的连线平行或沿第 7 颈椎棘突与地面垂直，移动臂与枕骨粗隆和第 7 颈椎棘突连线平行。

运动测量：受试者向侧方屈颈使耳靠近肩部。

正常范围：0°～45°。

注意事项：避免胸腰椎侧屈的代偿运动。

3. *颈旋转活动度*（图 9-29）

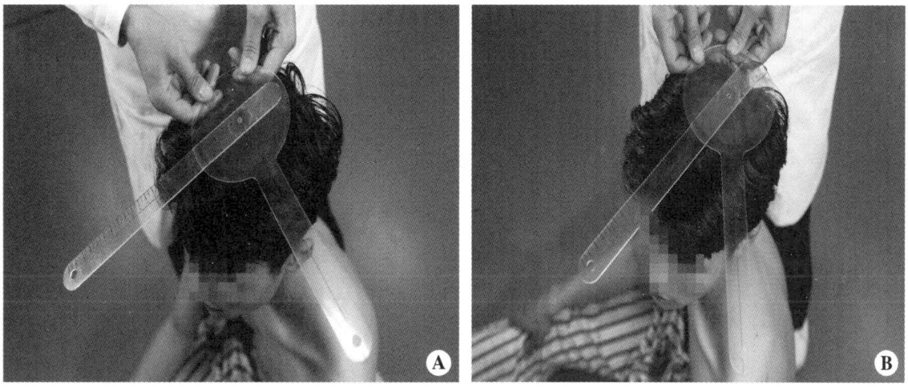

图 9-29　颈旋转活动度测量

A. 颈椎旋转活动度（起始体位）；B. 颈椎旋转活动度（终末体位）

体位：受检者取端坐位或直立位，固定脊柱。

放置量角器：轴心在头顶中心点，固定臂与两肩峰连线平行，移动臂对准鼻尖。

运动测量：受检者头部处于中立位，然后向左侧旋转。

正常范围：0°～60°。

注意事项：受检者的躯干固定不动，防止躯干旋转的代偿运动。

四、注意事项

1. 注意正确的测量体位，防止邻近关节的代偿运动。量角器的轴心与关节活动轴心要一致，两臂要与关节两端的肢体长轴平行。

2. 测量前，应向受检者充分解释检查的方法和目的，取得受检者的理解和合作。

3. 测量前，可叮嘱受试者做简单的主动准备活动，通常不在受检者关节活动锻炼后马上进行关节活动度检查。

4. 测量时，应暴露检测部位，以免衣物影响关节运动和量角器的使用。

5. 关节的主动和被动活动范围不一致时，提示肌肉肌腱存在瘫痪、挛缩或粘连等问题，应分别记录主动和被动活动度。评价关节活动度时，以被动活动度为准。

6. 不同器械、不同方法测得的关节活动度值可有差异，记录时需说明。

7. 关节活动度有一定的个体差异，评价时宜做左右对比。

8. 同一受检者每次应由专人测量，并记录检测日期、记录者的姓名、检测中受检者的体位等。

实训十 协调功能评定技术

一、实训目的与要求

1. 素质目标

在协调功能评定过程中，要注意每一项评定试验的精细动作，注重细节，培养学生认真严谨的工作态度。

2. 知识目标

掌握协调功能评定技术和评定时的注意事项。

3. 技能目标

学会协调功能的评定方法，并能对结果进行判断。

二、实训前准备

1. 环境

光线充足，通风良好，室温22～25℃，湿度适宜，地面干净、防滑。

2. 物品准备

治疗床、治疗凳。

3. 人员准备

工作服干净整洁，妆容素雅，长发束扎，手部清洁，修剪指甲，勿佩戴饰物。

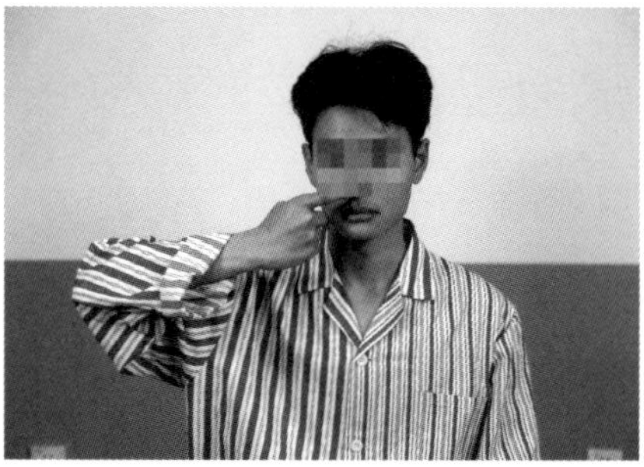

图10-1 指鼻试验

三、实训内容与方法

（一）实验方法

1. 指鼻试验（图10-1）

体位：受检者肩外展90°，肘关节伸直，前臂外旋。

检查方法：嘱受检者以示指指尖轻触自己的鼻尖，以不同的方向、速度，在睁眼和闭眼状态重复进行，并两侧比较。

临床表现：受检者能完成动作为正常，受检者不能完成动作为协调功能障碍。

临床意义：小脑半球病变时可见同侧指鼻不准，示指接近鼻尖时速度变慢，或出现动作性震颤（意向性震颤），且常见超过目标（变距不良）。感觉性共济失调时睁眼状态下可完成动作，闭眼时无法完成动作。

2. 指-指试验（图10-2）

体位：受检者与检查者相对而坐，检查者将示指放在受检者面前。

检查方法：嘱受检者用示指触及检查者示指尖；检查者改变示指距离、方向，受检者再用示指触及。

临床表现：受检者能完成动作为正常，受检者不能完成动作为协调功能障碍。

临床意义：受检者示指总偏向一侧提示该侧小脑或迷路损伤。

3. 轮替试验（前臂的旋前与旋后）（图 10-3）

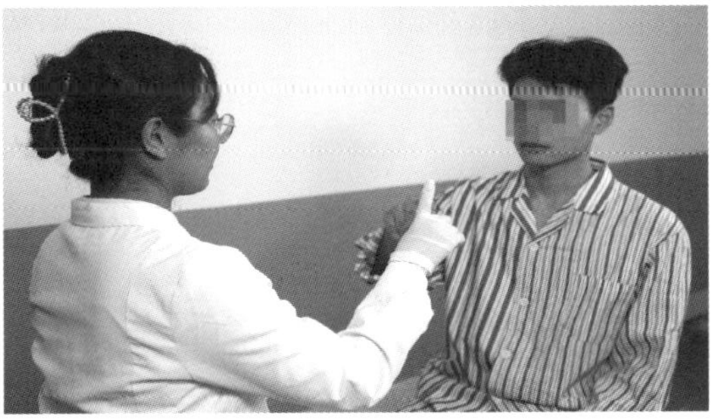

图 10-2 指-指试验

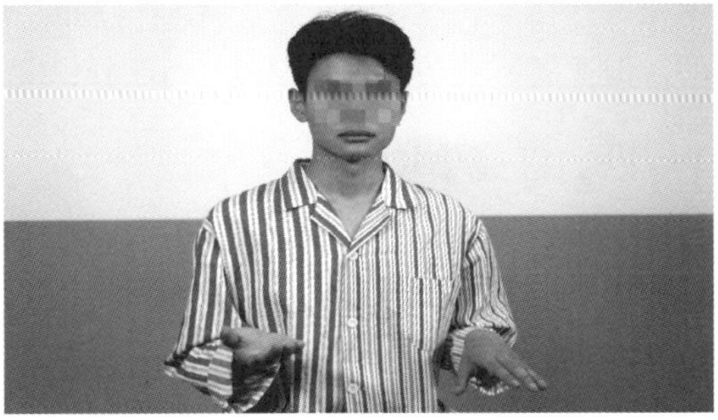

图 10-3 轮替试验

体位：受检者屈肘，一手心向上，另一手心向下。

检查方法：嘱受检者以前臂向前伸平并快速反复地做旋前、旋后动作，或以一侧手快速连续拍打对侧手背。

临床表现：受检者能完成动作为正常，受检者不能完成动作为协调功能障碍。

临床意义：小脑共济失调者表现为动作笨拙，节律慢而不匀，称轮替动作不能。

4. 对指试验（图 10-4）

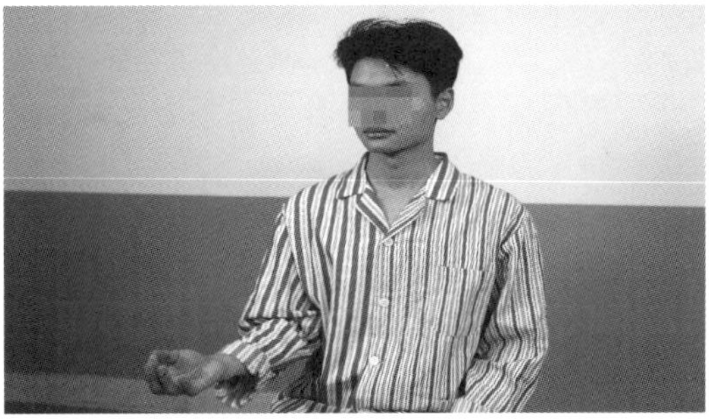

图 10-4 对指试验

体位：受检者取坐位或卧位。

检查方法：受检者用拇指指尖连续逐一触及该手的其他指尖，并逐渐加快速度完成上述动作。

临床表现：受检者能完成动作为正常，受检者不能完成动作为协调功能障碍。

临床意义：若拇指与其他指尖相对时，两指末节的中轴不在同一直线上，而呈一定角度相对，提示正中神经麻痹。

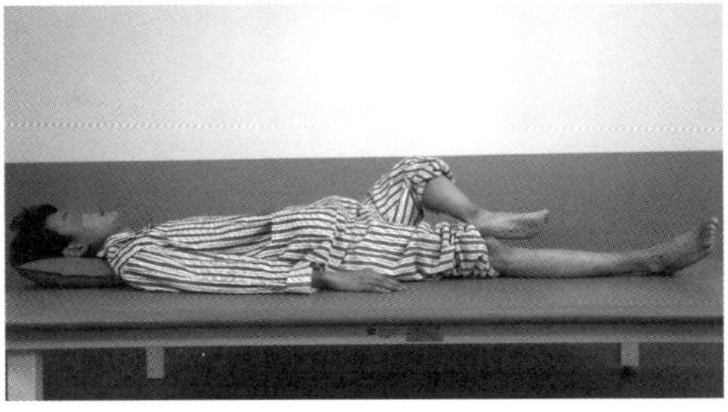

图 10-5 跟-膝-胫试验

5. 跟-膝-胫试验（图 10-5）

体位：受检者仰卧位。

检查方法：嘱受检者抬起一侧下肢，先将足跟放在对侧下肢的膝盖上，再沿着胫骨前缘向下移动。然后嘱受检者闭目，重复上述动作。

临床表现：受检者能完成动作为正常，受检者不能完成动作为协调功能障碍。

临床意义：小脑损害时抬腿触膝易出现辨距不良和意向性震颤，抬起侧下肢沿胫骨下移时常摇晃不稳。感觉性共济失调时，受检者足跟于闭目时难寻到膝盖。

（二）评分标准

①1 分：不能完成运动；②2 分：重度障碍，仅能发起运动，但运动无节律性，明显不稳定、摆动，可见无关的运动；③3 分：中度障碍，能完成指定的运动，但动作慢、笨拙、不稳定，在加快运动速度时，完成运动的节律更差；④4 分：轻度障碍，能完成指定的运动，但速度、技巧较正常稍差；⑤5 分：能正常完成运动。

四、注意事项

1. 运动是否精确、直接、完整。
2. 注意评估受检者运动速度加快时是否影响运动质量，闭目时是否影响运动质量。
3. 进行运动时身体有无其他代偿运动。
4. 注意双侧对比。

实训十一　平衡功能评定技术

一、实训目的与要求

1. 素质目标

在平衡功能评定过程中要注意保护受检者的安全，防止跌倒，引导学生树立以患者为中心的意识，强化安全观念。

2. 知识目标

掌握平衡功能的分级和评定时的注意事项。

3. 技能目标

学会平衡功能的评定方法，并能对结果进行判断。

二、实训前准备

1. 环境

光线充足，通风良好，室温 22～25℃，湿度适宜，地面干净、防滑。

2. 物品准备

伯格（Berg）平衡量表、秒表、软尺、扶梯、治疗床、治疗凳。

3. 人员准备

工作服干净整洁，妆容素雅，长发束扎，手部清洁，修剪指甲，勿佩戴饰物。

三、实训内容与方法

（一）三级平衡功能评定（以坐位为例）（图 11-1）

体位：受检者取坐位。

检查方法：受检者先尽量坐稳，注意观察受检者是否能够独立坐稳。如受检者不能坐稳，评定结束。

如受检者能完成，再嘱受检者进行自主活动（例如，让受检者到身后或者地下捡东西，或触碰检查者的手掌），注意观察受检者是否能重新保持平衡。如受检者不能完成，评定结束。

如受检者能完成，检查者向前后左右各个方向推拉受检者，注意观察受检者能否重新保持平衡。

评定结果：受检者只能自己独立坐稳为坐位一级平衡。受检者自主运动后能重新保持平衡为坐位二级平衡。受检者被各个方向推拉后，均能重新保持平衡为坐位三级平衡。

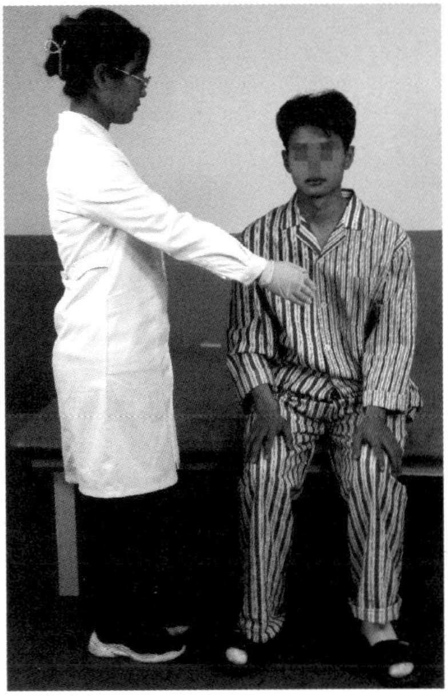

图 11-1　三级平衡功能评定（坐位）

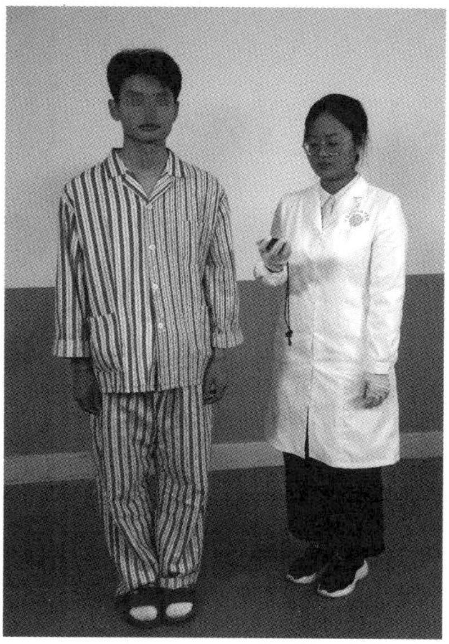
图 11-2 龙贝格试验

注意事项：受检者先闭眼检查，再睁眼检查。二级平衡在无外力干扰下需维持平衡 3 秒以上。

（二）观察法

1. 龙贝格（Romberg）试验（闭目直立检查法）（图 11-2）

体位：站立位。

检查方法：嘱受检者双足并拢直立，注意观察在睁眼、闭眼时受检者的身体平衡情况，是否有身体摇摆。

评定结果：受检者维持平衡 30 秒，而没有出现身体的摇摆为正常。

2. 闭眼单脚站立检查法（图 11-3）

体位：站立位。

检查方法：嘱受检者闭眼，单腿直立，抬脚后开始计时，支撑脚移动或抬起脚着地时停止计时。

评定结果：时间越短，平衡能力越差。受检者每侧下肢重复 5 次均能维持 30 秒为正常。

3. 坦德姆龙贝格（Tandem Romberg）试验（图 11-4）

体位：站立位。

检查方法：嘱受检者两足一前一后、足尖接足跟直立，双前臂交叉于胸前，观察其睁眼、闭眼时身体平衡情况，是否有身体摇摆。

评定结果：受检者重复进行 4 次均能维持 60 秒为正常。

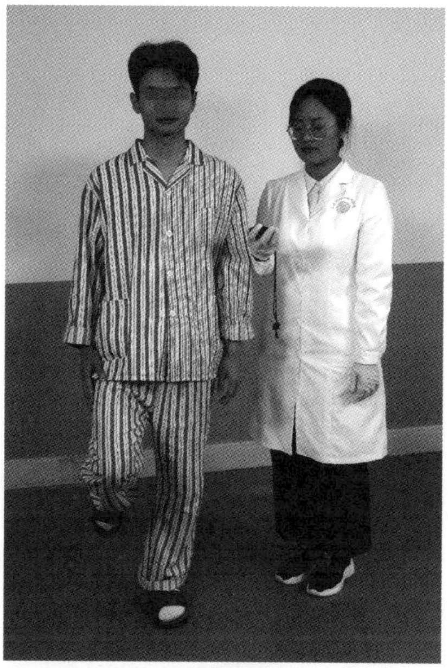
图 11-3 闭眼单脚站立检查法

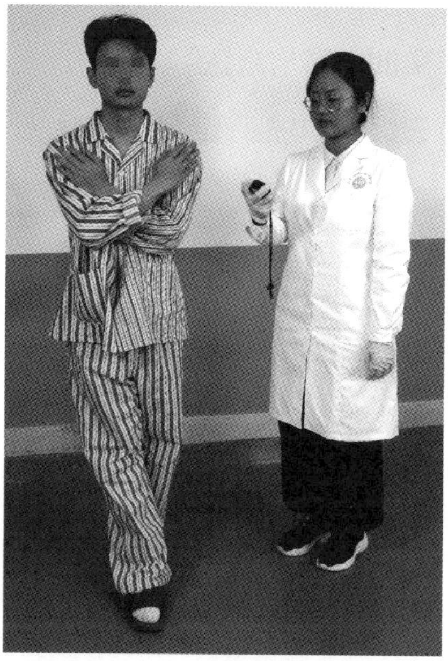
图 11-4 坦德姆龙贝格试验

（三）伯格（Berg）平衡量表评定（图 11-5）

1. 检查者向受检者解释说明评定目的和内容，取得受检者的配合。

2. 依次评定 14 项内容（表 11-1），并统计总分。

3. 依据评定标准判断受检者的平衡功能。评定标准：20 分以下，受检者平衡功能差，需要乘坐轮椅；21～40 分，受检者有一定平衡能力，可以在辅助下步行；41～56 分，受检者平衡功能比较好，可以独立步行；<40 分预示有跌倒危险。45 分通常作为老人跌倒风险的临界值。

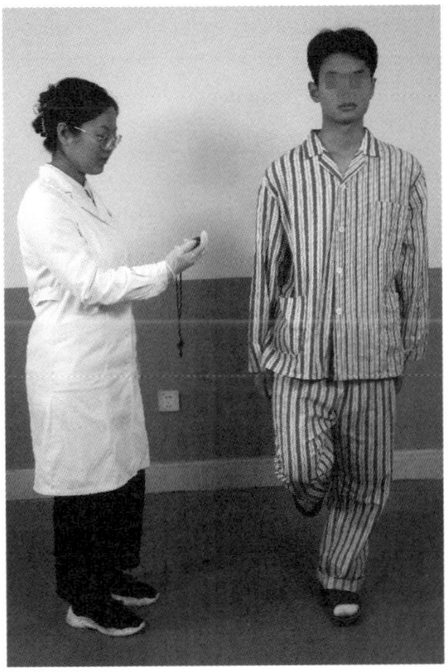

图 11-5　伯格平衡量表评定

四、注意事项

1. 测试时保持环境安静。

2. 中枢神经系统受损导致偏瘫者，要确保在病情平稳情况下做评估。

表 11-1　伯格（Berg）平衡量表

评定内容	指令	评定标准				
		4 分	3 分	2 分	1 分	0 分
1. 由坐位到站位	不用手支撑，起立	能够站立，无需用手可维持平衡	能够站立，用手可维持平衡	能够站立，用手可以维持平衡，但要尝试数次	站立或维持稳定需要少量的辅助	站立需要中等量及更多的辅助
2. 无支撑站立	无扶持，站立 2 分钟	能够站立 2 分钟及以上	能够站立 2 分钟，需要监护	能够站立 30 秒，不需辅助扶持	能够站立 30 秒，不需扶持，但需要多次尝试	无辅助情况下，不能站立 30 秒
3. 无支撑坐位	无扶持坐下，双脚落地，双臂抱于胸前，坐稳 2 分钟	能够坐稳 2 分钟	能够在监护下坐稳 2 分钟	能够坐稳 30 秒	能够坐稳 10 秒	能够坐稳 10 秒，但需辅助扶持
4. 从站位到坐位	从站立的姿态往下坐，并在椅子上坐稳	能维持平稳坐下，基本不用手扶持	需用手扶稳，然后顺势下滑着坐稳	用腿的背侧抵住椅子，然后顺势下滑着坐稳	可独立坐位，但不能控制下滑	坐下需要帮助
5. 位置移动	从椅子移动到床上，再从床上移动到椅子上	位置移动较少用到手	位置移动必须用手	位置移动需言语提示或监护	需要 1 人辅助	需要 2 人或 2 人以上辅助
6. 无支持闭目站立	闭眼，无扶持静立 10 秒	能够站立 10 秒	能够在监护下站立 10 秒	能够站立 3 秒以上，但低于 10 秒	闭眼不能坚持 3 秒，但可站稳	需帮助才能站立，防止跌倒
7. 双足并拢无支持站立	双足并拢，保持站立姿态	双足并拢站立 1 分钟	双足并拢站立 1 分钟，需监护	双足并拢站立不能坚持 30 秒	双足并拢且站立时需要帮助，但双足并拢可站立 15 秒	双足并拢且站立时需要帮助，但双足并拢站立不足 15 秒

续表

评定内容	指令	评定标准				
		4分	3分	2分	1分	0分
8. 无扶持站立，手臂前伸	手臂上举 90°，尽可能伸手取远处的物品，检查者测量被检者身体尽量前伸时重心的移动距离	可前伸 10cm	可前伸 5cm	可前伸超过 2cm	有较轻微前伸的动作，需要监护	需帮助避免跌倒
9. 无扶持站立，从地面上捡拾起物品	拾起面前的东西	可轻松拾起	可拾起，需要较少量监护	不能拾起，差 1～2 英寸*，可保持平衡	不能拾起，做尝试动作时，需要监护	不能尝试，需要辅助避免跌倒
10. 站立时转身向后看	交替转头，左右后顾	左右后顾时，重心移动平稳	只能一侧后顾，另一侧有少量重心移动	只能转到侧面，但可维持平衡	转头时需要监护	需要辅助避免跌倒
11. 无扶持站立，转身 360°	转身 360°，停顿，反向旋转 360°	双侧都可在 4 秒内完成	一侧可在 4 秒内完成	能完成转身，但速度慢	转身时，需密切监护或言语提示	转身时需要辅助
12. 无扶持站立，计数脚底接触板凳的次数	将两脚交替放于板凳上，直到每只脚能踏上板凳上 4 次	可独自站立，20 秒内踏 8 次	可独自站立，踏 8 次超过 20 秒	监护下，无辅助可踏 4 次	在较少的辅助下，可踏 2 次	需要辅助才能避免跌倒，不能尝试踏凳
13. 无支撑下两脚前后站立	双脚前后位站立，如果困难，适当增加双足前后距离	双足可前后接触位站立，坚持 30 秒	双足前后站立不能接触，坚持 30 秒	可迈小步后独立站立，坚持 30 秒	迈步需要帮助，坚持 15 秒	站立或迈步失衡，无法进行
14. 无扶持单腿站立	不要扶任何东西，单腿站立	可稳住平衡抬腿，坚持超过 10 秒	可稳住平衡抬腿，坚持 5～10 秒	可稳住平衡抬腿，坚持 3～5 秒	可独自站立并尝试抬腿，坚持 3 秒以下	不能尝试，需要辅助避免跌倒

*. 1 英寸=2.54cm。

3. 下肢骨折未愈合，严重心血管疾病者不宜进行平衡功能测试，骨折受检者须确保复位及固定良好。

4. 受检者不能完全独立完成所要求动作时，要注意予以保护，以免摔倒，必要时给予帮助。

5. 对受检者评定要求在 20 分钟内完成，避免受检者疲劳。

6. 进行平衡功能评估时，不仅要观察受检者能否保持平衡，还要观察双侧肢体负重是否一致、重心转移情况，注意受检者双侧踝部的运动。

实训十二　步态分析技术

一、实训目的与要求

1. 素质目标

在步态分析过程中，引导学生学会关心和理解患者，提高沟通能力。

2. 知识目标

掌握步态分析技术的要点和评定时的注意事项。

3. 技能目标

学会对自然步态进行分析。

二、实训前准备

1. 环境

光线充足，通风良好，室温 22～25℃，湿度适宜，地面干净、防滑。

2. 物品准备

行走步道、白纸、秒表、皮尺、滑石粉。

3. 人员准备

工作服干净整洁，妆容素雅，长发束扎，手部清洁，修剪指甲，勿佩戴饰物。

三、实训内容与方法

（一）定量分析法

在地面上铺 1100cm×45cm 的滑石粉，在距离两端各 250cm 处画一横线，取中间 600cm 作为正式测量用行走步道。受检者先在行走步道旁试走 2～3 次，然后两眼平视前方，以自然状态走过步道。记录被检者走过中间 600cm 行走步道所用的时间。根据足印测量出相关参数，包括步长、步幅、步宽、足偏角，根据已知数据计算出步行周期、步长时间、步频和步速。

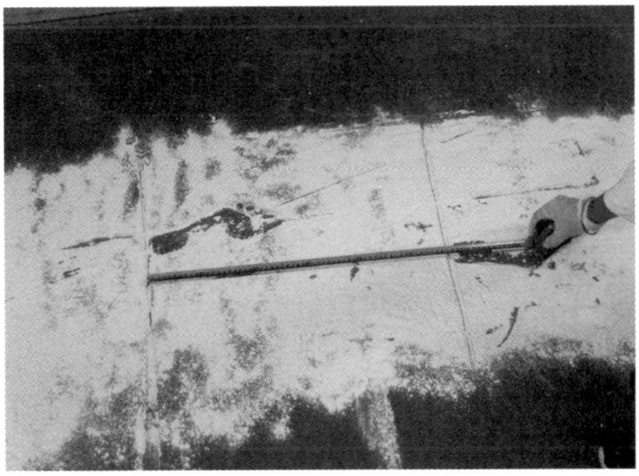

图 12-1　步长

1. 步长（图 12-1）

测量：一侧足跟至对侧足跟的纵向距离。

记录：测量距离+单位（cm）。

正常范围：55～85cm。

2. 步幅（图 12-2）

测量：一侧足跟至紧接着的该侧足跟的纵向距离。

记录：测量距离+单位（cm）。

正常范围：步长的两倍。

3. 步宽（图 12-3）

测量：左右两足跟中点或重力点之间的横向距离。

记录：测量距离+单位（cm）。

正常范围：（8.0±3.5）cm。

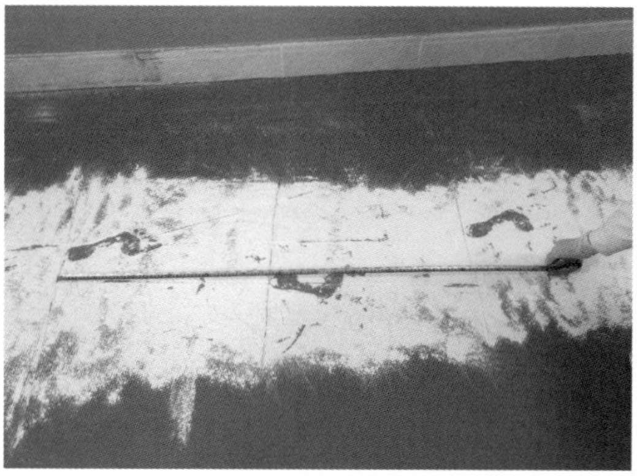

图 12-2 步幅

图 12-3 步宽

图 12-4 足偏角

4. 足偏角（图 12-4）

测量：人体的前进方向和贯穿足底的中心线所形成的夹角。

记录：测量角度+单位（度）。

正常值：约 6.75°。

5. 步行周期

计算：一侧足跟着地至该侧足跟再次着地所用的时间。

记录：所用时间+单位（秒）

正常范围：1.00～1.32 秒。

6. 步长时间

计算：一侧足跟着地至对侧足跟着地所用的平均时间。

记录：平均时间+单位（秒）。

正常值：约 0.5 秒。

7. 步频

计算：单位时间内行走的步数。

记录：行走步数+单位（步/分，steps/min）。

正常范围：95～125 步/分。

8. 步速

计算：单位时间内行走的距离。

记录：行走距离+单位（米/分，m/min）。

正常范围：65～95 米/分。

四、注意事项

1. 嘱受检者尽量放松，以自然步行的感觉完成评定。

2. 行走时受检者衣着宜轻便，充分暴露下肢，以便准确观察步态特征。

3. 正式检查前，让受检者先在步道旁试走 2～3 次，然后平视前方，在自然行走状态下检查。

4. 受检者每一次行走至少要包含 6 个步行周期，重点测量观察中间的 1～2 个步行周期。如受检者步态不稳，行走中要注意监护，防止跌倒。

实训十三　日常生活活动能力评定技术

一、实训目的与要求

1. 素质目标

通过日常生活活动能力评定技术的学习，了解日常生活中运动、自理、交流、家务活动和娱乐活动 5 个方面的活动能力，理论与实践结合，引导学生独立思考、关爱生活。

2. 知识目标

掌握巴塞尔（Barthel）指数的评定内容、评分标准和评定过程中的注意事项。

3. 技能目标

学会使用巴塞尔指数评定量表进行日常生活活动能力的评估，并能对结果进行判断。

二、实训前准备

1. 环境

光线充足，通风，室温 22～25℃，湿度适宜，地面平坦、干净、防滑。

2. 物品准备

巴塞尔指数（BI）评定量表、治疗桌、治疗床、治疗凳、厨房用品、洗漱用品。

3. 人员准备

工作服干净整洁，妆容素雅，长发束扎，手部清洁，修剪指甲，勿佩戴饰物。

三、实训内容与方法（图 13-1）

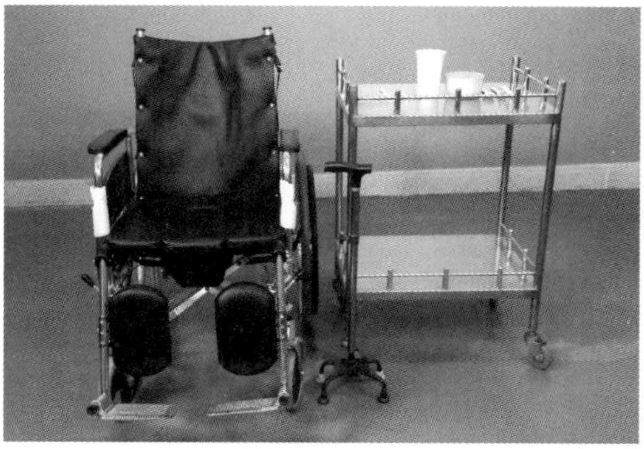

图 13-1　巴塞尔指数评定

根据巴塞尔指数评定量表完成进食、洗澡、修饰、穿衣、控制大便、控制小便、如厕、转移、平地步行 45 米、上下楼梯共 10 项检查（表 13-1），并计算受检者的巴塞尔指数得分，评定受检者的日常生活活动能力。

表 13-1　巴塞尔指数评定量表

评定内容	评定标准			
	15 分	10 分	5 分	0 分
1. 进食	—	自理	需部分帮助	依赖别人
2. 洗澡	—	—	自理	依赖别人
3. 修饰（洗脸、梳头、刷牙、剃须）	—	—	独立洗脸、梳头、刷牙、剃须	需帮助
4. 穿衣（系、开纽扣，关、开拉链，系鞋带）	—	自理	需部分帮助	依赖别人
5. 控制大便	—	能控制	偶尔失禁（每周<1 次）	失禁或昏迷
6. 控制小便	—	能控制	偶尔失禁（每 24 小时<1 次，每周>1 次）	失禁或昏迷或需导尿
7. 如厕	—	自理	需部分帮助	依赖别人
8. 转移（床—椅）	自理	需 1 人帮助或指导	需 2 人帮助，能坐	完全依赖别人，不能坐
9. 平地步行 45 米	独立步行	需 1 人帮助或指导	在轮椅上独立行动	不能动
10. 上下楼梯	—	自理	需帮助	不能上下楼梯

注："—"表示该项评定无此得分。

评定标准：①20 分以下，生活完全需要依赖；②21～40 分，生活需要很大帮助；③41～60 分，生活需要帮助；④>60 分，生活基本能自理。巴塞尔指数得分 40 分以上者康复治疗效益最大。

四、注意事项

1. 尊重受检者的文化背景及个人隐私。

2. 对于不能一次性完成评定的日常生活活动，应在评定前确定好每次要评定的项目、所需用品和时间安排等。

3. 如评定过程中发现受检者有疲劳的表现，出现不安全因素或明显不能完成时，应停止评定，并做好记录，等受检者体力恢复后再进行评定。

实训十四　盆底筛查技术

一、实训目的与要求

1. 素质目标

在进行盆底筛查过程中，引导学生关心和理解患者，提高沟通能力。

2. 知识目标

掌握盆底手检的内容和评定时的注意事项。

3. 技能目标

学会盆底手检操作技术及盆底表面肌电检查技术，并能对结果进行分析。

二、实训前准备

1. 环境

光线充足，通风，室内温度、湿度适宜，地面干净、防滑。

2. 物品准备

麦澜德盆底肌筛查仪、消毒湿巾、润滑剂、检查手套、纸巾、75%乙醇、棉签、生理盐水。

3. 人员准备

工作服干净整洁，妆容素雅，长发束扎，手部清洁，修剪指甲，勿佩戴饰物。

三、实训内容与方法

（一）盆底手检

1. 阴道口检查

体位：受检者仰卧位，双手置于体侧，下肢屈髋屈膝，呈外展位，检查者立于受检者右侧。

评定方法：观察受检者阴道口是否处于自然闭合状态。

评定标准：阴道口自然闭合。

2. 盆底疼痛（视觉模拟法评定）

体位：受检者仰卧位，双手置于体侧，下肢屈髋屈膝，呈外展位，检查者立于受检者右侧。

评定方法：检查者戴检查手套，取适量润滑剂，用右手示指由浅入深地检查受检者阴道周围的肌肉有无疼痛，注意不要按压尿道和肛门（12 点和 6 点方向）。

评定标准：将疼痛程度用 0～10 这 11 个数字表示。0 表示没有任何疼痛；1～3 表示有轻微疼痛；4～6 表示疼痛较为明显；7～9 表示重度疼痛，不能入睡或睡眠中痛醒；10 表示疼痛非常剧烈，难以忍受。

3. 盆底肌肌力（改良牛津肌力分级法）

体位：受检者仰卧位，双手置于体侧，下肢屈髋屈膝，呈外展位，检查者立于受检者右侧。

评定方法：嘱受检者检查过程中只能使用阴道的力量。①检查者将示指、中指放入受检者阴道内 2～3cm 处，让受检者进行快速几次收缩和放松，检查浅层的Ⅱ类肌纤维的肌力；②检查者手指在此位置不变，让受检者进行收缩并保持收缩状态，检查Ⅰ类肌纤维的肌力；③检查者将手指放到阴道深部，嘱受检者重复上述两个动作，检查Ⅰ类肌纤维和Ⅱ类肌纤维的深层力量。

评定标准：根据改良牛津肌力分级，盆底肌肌力分为 0～5 级。①0 级：感受不到明显的盆底肌收缩。②1 级：非常微弱的收缩，手指感受到颤动或搏动。③2 级：微弱的收缩，感受到肌肉张力的增加，但没有抬举和挤压感。④3 级：中等程度收缩，阴道后壁抬高，手指根部感受到挤压（耻骨），会阴内收。⑤4 级：良好的收缩，可以对抗阻力抬高阴道后壁，会阴内收。⑥5 级：强有力的收缩，可以对抗强大阻力抬高阴道后壁，并将示指和中指挤压在一起。盆底肌肌力 3 级以上为合格。

4. 盆腔器官脱垂定量（pelvic organ prolapse quantitatio，POP-Q）检查

评定方法：见表 14-1。

表 14-1　盆腔器官脱垂定量评定方法

检查项目	检查方法
阴道前壁点（Aa 点）	检查者将示指放进受检者阴道前壁 3cm 处，嘱受检者屏气并向下用力（解大便的动作），测量留在阴道里面的示指长度
阴道前壁点（Ba 点）	检查者将示指放进受检者阴道前壁，嘱受检者屏气并向下用力，测量阴道前穹隆顶端距离 Aa 点最远端的长度
阴道后壁点（Ap 点）	检查者将示指放进受检者阴道后壁 3cm 处，嘱受检者屏气并向下用力，测量留在阴道里面的示指长度
阴道后壁点（Bp 点）	检查者将示指放进受检者阴道后壁，嘱受检者屏气并向下用力，测量阴道后穹隆顶端距离 Ap 点最远端的长度
宫颈最远端（C 点）	检查者将示指放入受检者阴道，触及宫颈口，嘱受检者屏气并向下用力，手指不离开宫颈口，测量宫颈口到阴道口的距离
阴道后穹隆最深点（D 点）	检查者将示指放入受检者阴道后穹隆最深处，嘱受检者屏气并向下用力，测量留在阴道内的手指长度
阴道全长（tvl）	检查者将示指放进阴道后穹隆最深处，测量手指放进去的长度
生殖道裂孔（gh）高度	嘱受检者屏气并向下用力，测量尿道口到会阴中心腱的距离
会阴中心腱（会阴体，pb）长度	嘱受检者屏气并向下用力，测量会阴中心腱到肛门中心的距离

评定标准：通过定量测量代表脱垂阴道的各项指标，评定阴道及子宫的脱垂程度，并确定脱垂的分期。根据 POP-Q，盆腔器官脱垂共分为 5 期，0 期为无脱垂，Ⅳ期为全部脱垂。

5. A3 反射

体位：受检者仰卧位，双手分开抱膝，呈截石位，检查者立于受检者右侧。

评定：嘱受检者屏气并向下用力。

评定标准：有尿液流出，即 A3 反射不存在，反之存在。

（二）盆底表面肌电检查

体位：受检者取仰卧位，上身与下肢呈 120°角，两腿自然伸直并拢，双脚外旋，检查者立于受检者右侧。

评定方法：①用 75%乙醇脱脂单侧腹直肌的体表投影及双侧髂前上棘；②将麦澜德筛查仪的电极片连接于 B 通道及 A 通道的地线，A、B 通道地线电极片连接于髂前上棘，B 通道的电极片连接于腹直肌体表投影，阴道电极连接 A 通道；③用消毒湿巾从治疗头顶端向手柄方向擦拭消毒治疗头（如受检者对消毒湿巾过敏则换用 75%乙醇，擦拭后待干使用）；④嘱受检者屈髋屈膝，两腿自然分开，充分暴露外阴，检查者一手分开受检者的大小阴唇，另一手持治疗头，轻柔地将治疗头置于阴道，嘱受检者伸直双腿，放松全身；⑤指导受检者收缩盆底肌；⑥检查结束后取下阴道电极和电极片，整理用物，解读检查报告。

评定标准：参考盆底表面肌电评估标准。

四、注意事项

1. 嘱受检者筛查前解尽大小便。
2. 注意受检者隐私的保护。
3. 无性生活女性禁用此项技术。

下　篇

康复医学科常见病症的评定技术

实训十五　偏瘫评定技术

案例

李某，男，55 岁，14 年前因脑出血而出现右侧肢体活动不利，经治疗后（具体不详）症状缓解，20 天前无明显诱因出现右侧肢体活动不利加重并伴眩晕、呕吐、站立不稳，站立时向右侧倾倒。发作时不伴头痛，不伴意识障碍。立即入院，诊断为脑梗死。经住院治疗后，患者呕吐、头晕症状缓解。出院后为寻求进一步康复，于康复科就诊。查体：神清，精神尚可，右侧肢体活动不利，浅感觉减退，说话声音不清晰，二便可，纳眠可，舌淡红，苔厚腻，脉滑。为进一步了解患者功能障碍情况，将对患者进行布伦斯特伦（Brunnstrom）评定。

问题：如何使用 Brunnstrom 评定法对该患者进行评定？

一、实训目的与要求

1. 素质目标

通过对模拟偏瘫患者的评定，让学生体会偏瘫患者日常生活的困难，引导学生理解患者，培养学生敬佑生命、救死扶伤的医者精神。

2. 知识目标

掌握偏瘫患者的 Brunnstrom 评定法。

3. 技能目标

学会用 Brunnstrom 评定法对偏瘫患者进行评定。

二、实训前准备

1. 环境

光线充足，通风良好，室温 22～25℃，湿度适宜，地面干净、防滑。

2. 物品准备

球状物体、圆柱状物体、一次性手套、治疗床、治疗凳。

3. 工作人员准备

工作服干净整洁，妆容素雅，长发束扎，手部清洁，修剪指甲，勿佩戴饰物。

三、评定流程

1. 检查者仪表端庄，衣帽整洁。了解受检者病情，向受检者讲解评定内容和注意事项，取得受检者配合。

2. 进行上肢运动功能评定。

（1）受检者坐位，嘱其完成以下动作。①肩 0°，肘屈曲 90°，前臂旋前旋后；②肘伸直，肩可屈曲 90°；③手背可触及腰骶部。

（2）受检者坐位，嘱其完成以下动作。①肘伸直，肩外展 90°；②肘伸直，肩前屈 30°～90°，前臂旋前和旋后；③肘伸直，前臂取中间位，上肢上举过头。

（3）受检者坐位，双上肢外展伸展，轮流指鼻。

3. 进行手运动功能评定　受检者坐位，嘱其完成以下动作：手指屈伸，侧捏检查者手指，抓握球状和圆柱状物体。

4. 进行下肢运动功能评定。

（1）受检者坐位，屈膝 90°以上，使足后滑到椅子下方，在足跟不离地的情况下使踝背屈。

（2）受检者健侧腿站立，患侧腿先屈膝后伸髋，在伸膝下做踝背屈动作（重心落在健侧腿上）。

（3）受检者站立位，使髋外展至超出抬起该侧骨盆所能达到的范围；然后取坐位，伸膝进行下肢内旋、外旋，合并足的内外翻。

5. 观察受检者动作完成情况进行评级，评定结束后整理用物。

四、注意事项

1. 评定前要向受检者说明评定的目的和方法，使受检者及家属了解评定全过程，消除其紧张情绪。

2. 偏瘫患者的评定一般在患者生命体征平稳、无神经系统进行性损伤 24～48 小时后。

3. 检查前注意解释说明动作要领，必要时应向受检者示范动作。

4. 检查时要注意观察受检者完成动作的方式，是联带运动还是分离运动。

实训十六　截瘫评定技术

案例

张某，男，39岁，3个月前挖煤时不慎受伤致腰部及右足背疼痛，当时即感双下肢不能活动，右足背流血，遂急诊入院，行腰椎骨折并滑脱椎板减压脊髓探查术及右足背皮肤裂伤并伸肌腱断裂肌腹吻合清创缝合术，术后3个月，患者双下肢仍不能活动，留置尿管，无咳嗽、咳痰、发热，皮肤黏膜无破损，无压力性损伤（压疮）。现为进一步康复来我院治疗。患者发病以来食欲可，大小便正常，无其他不适。

问题： 1. 如何确定脊髓损伤平面？

2. 如何确定脊髓是不是完全性损伤？

一、实训目的与要求

1. 素质目标

通过临床案例结合理论知识，对损伤平面和损伤程度做出评定，培养学生全面思考、认真严谨的工作态度。

2. 知识目标

掌握截瘫患者运动损伤平面、感觉损伤平面、脊髓损伤程度的评定内容和评定时的注意事项。

3. 技能目标

学会判定截瘫患者的运动损伤平面、感觉损伤平面及脊髓损伤程度。

二、实训前准备

1. 环境

光线充足，通风良好，室温22～25℃，湿度适宜，地面干净、防滑。

2. 物品准备

棉球或棉签、标准安全别针、一次性针头、一次性手套、治疗床、治疗凳等。

3. 人员准备

工作服干净整洁，妆容素雅，长发束扎，手部清洁，修剪指甲，勿佩戴饰物。

三、评定流程

1. 检查者仪表端庄，衣帽整洁，了解受检者情况，向受检者讲解评定方法和注意事项，取得受检者配合。

2. 进行感觉损伤平面确定。通过检查运动关键肌的徒手肌力和感觉关键点的轻触觉和痛觉（针刺）来确定感觉损伤平面。

检测部位：见表 16-1。

检测方法：嘱受检者闭眼，进行轻触觉（棉球或棉签）和痛觉（针刺）评定，并按感觉缺失（0 分）、感觉障碍（1 分）和感觉正常（2 分）三个等级分别进行评分。

检测顺序：从可疑的损伤部位开始，逐个皮节进行评定。

评定标准：感觉损伤平面指感觉完全正常的最低脊髓节段。

结果评定：根据评分结果进行感觉损伤平面评定。

表 16-1 损伤平面的确定

平面	关键肌	关键感觉点的部位	平面	关键肌	关键感觉点的部位
C_2	—	枕骨粗隆外侧至少 1cm（或耳后 3cm）	T_8	—	锁骨中线第 8 肋间
C_3	—	锁骨上窝（锁骨后方）且在锁骨中线上	T_9	—	锁骨中线第 9 肋间
C_4	—	肩锁关节顶部	T_{10}	—	锁骨中线第 10 肋间
C_5	肘屈肌群	肘前窝外侧（桡侧），肘横纹近端	T_{11}	—	锁骨中线第 11 肋间
C_6	腕伸肌群	拇指近节背侧皮肤	T_{12}	—	锁骨中线腹股沟韧带中点
C_7	肘伸肌群	中指近节背侧皮肤	L_1	髋屈肌群	T_{12} 与 L_2 连线中点
C_8	指屈肌群	小指近节背侧皮肤	L_2	膝伸肌群	大腿前内侧，腹股沟韧带中点和股骨内侧髁连线中点处
T_1	指外展肌群	肘前窝内侧，肱骨内上髁近端	L_3	踝背伸肌群	膝上股骨内髁处
T_2	—	腋窝顶部	L_4	踇长伸肌群	内踝
T_3	—	锁骨中线第 3 肋间	L_5	踝跖屈肌群	足背第 3 跖趾关节处
T_4	—	锁骨中线第 4 肋间	S_1		足跟外侧
T_5	—	锁骨中线第 5 肋间	S_2		腘窝中点
T_6	—	锁骨中线第 6 肋间	S_3		坐骨结节或臀下皱襞
T_7	—	锁骨中线第 7 肋间	$S_{4\sim5}$		肛门 1cm 范围内，皮肤黏膜交界处外侧

注：“—”表示该平面无需检测的关键肌。

3. 进行运动损伤平面确定

检测部位：通过检查 10 组运动关键肌确定运动损伤平面。

检测方法：采用徒手肌力测定（MMT）法测定肌力。

检测顺序：从上到下依次测定肘屈肌群、腕伸肌群、肘伸肌群、指屈肌群、指外展肌群、髋屈肌群、膝伸肌群、踝背伸肌群、踇长伸肌群、踝跖屈肌群。

评定标准：运动平面肌力为 3 级且该节段以上节段肌力至少为 4 级。

结果评定：根据运动指数评分（MIS）结果进行运动平面评定。

4. 根据运动平面与感觉平面评定情况结合 ASIA 损伤程度进行脊髓损伤程度评定。

5. 评定结束后整理用物。

四、注意事项

1. 采取正确的体位，避免因体位改变而加重脊髓损伤，特别是在损伤早期。

2. 脊髓损伤早期应注意脊髓休克的评定。球海绵体反射是判断脊髓休克是否结束的指征之一，此反射消失为休克期，反射再出现表示脊髓休克结束。但需注意的是极少数正常人和脊髓圆锥损伤者不出现该反射。

3. 生命体征不稳定、心肺功能异常者不宜进行此评定。

实训十七 桡神经损伤的评定

案例

患儿，男，8岁，2018年7月外伤致右腕关节疼痛，至某医院就诊，诊断为蒙泰贯骨折（蒙氏骨折，尺骨近侧1/3骨折伴桡骨小头脱位），于2018年11月行手术治疗，2019年1月取出钢板，半个月后突发腕背伸无力，为求进一步诊治入院，门诊以桡神经损伤收入院。查体：神清、神可，步入病房，右前臂肌肉萎缩，右肘关节活动受限，屈曲关节活动度（ROM）120°，伸展ROM正常，前臂旋前ROM 60°旋后ROM 50°，右上肢肌力为前臂旋后肌3级，前臂旋前肌4级，伸腕肌1^+级，屈腕肌5级，拇外展肌1^+级，拇指对掌肌5级，其余四指伸展肌1^+级，手指伸展拇指外展不能，手指屈曲可。双侧感觉无明显差异。

问题：桡神经损伤的评定内容有哪些？

一、实训目的与要求

1. 素质目标

通过学习桡神经损伤的评定，灵活运用各种常用康复技术，学会理论联系实际解决临床问题。

2. 知识目标

掌握桡神经损伤的评定方法和评定时的注意事项。

3. 技能目标

学会对桡神经损伤进行评定。

二、实训前准备

1. 环境

光线充足，通风良好，室温22～25℃，湿度适宜，地面干净、防滑。

2. 物品准备

大头针、棉花、叩诊锤、振动音叉、测量尺等。

3. 人员准备

工作服干净整洁，妆容素雅，长发束扎，手部清洁，修剪指甲，勿佩戴饰物。

三、评定流程

1. 检查者仪表端庄，衣帽整洁，了解受检者情况，向受检者介绍评定流程和注意事项，取得受检者配合。

2. 进行桡神经结构异常评定。①观察受检者上肢皮肤色泽、外形、肌肉容积大小变化，注意两侧对比。②触摸评估受检者的皮肤温度和血管反应速度。观察上肢是否有局部病变。

③叩诊：神经干叩击试验（Tinel test）（检查者叩击受检者腕部时，患者出现手指的短暂性疼痛，伴有蚁行感和麻木感），腱反射。

3. 进行桡神经功能受限评定。①感觉功能评定：浅感觉、深感觉、复合感觉。②运动功能评定：关节活动范围测定、肌力评定、运动功能恢复情况评定。

4. 其他评定：①上肢日常生活活动（activities of daily living，ADL）能力评定；②社会参与评定；③个体与环境因素评定。

5. 根据受检者评定情况完成评定量表，评定结束后整理用物。

四、注意事项

1. 受检者需充分暴露检查部位，注意两侧对称性比较。

2. 在进行评定过程中，若受检者出现身体不适应及时终止评定，积极查找原因，给予相应的处理。

3. 注意与尺神经损伤、正中神经损伤的鉴别。

实训十八　认知功能障碍的评定

案例

患者，男，81岁，因记忆力减退1年余入院。患者家属诉1年前家人发现患者记忆力下降，有健忘、穿错衣服等表现，能认识家人。近半个月来，患者常出现糊涂、答非所问等现象，无头痛、恶心、呕吐，无腹痛、腹泻，无肢体活动障碍，无四肢抽搐。门诊以“血管性痴呆”收入院。患者症见：认知功能障碍，记忆力、定向力、理解力降低，精神一般，被扶入病房。查体：双侧瞳孔等大等圆，对光反射存在，四肢肌力、肌张力正常，共济运动检查不配合，生理反射存在，病理反射未引出。

问题：如何评定该患者的认知功能？

一、实训目的与要求

1. 素质目标

进行认知功能障碍评定时需要有足够的耐心，学会理解和体谅患者。

2. 知识目标

掌握认知功能障碍的评定方法和评定时的注意事项。

3. 技能目标

学会用简明精神状态检查量表（MMSE）对认知功能障碍进行评定。

二、实训前准备

1. 环境

光线充足，通风良好，室温22～25℃，湿度适宜，环境干净、防滑。

2. 物品准备

纸、笔、多媒体软件等。

3. 工作人员准备

工作服干净整洁，妆容素雅，长发束扎，手部清洁，修剪指甲，勿佩戴饰物。

三、评定流程

1. 检查者仪表端庄，衣帽整洁，了解受检者情况，与受检者沟通评定注意事项，取得受检者配合。

2. 根据简明精神状态检查量表（MMSE）评定受检者的认知损害程度（表18-1）。

3. 根据受检者的文化程度划分认知障碍的标准，一般文盲≤17分，小学程度≤20分，中学程度≤22分，大学程度≤23分，受检者分数在标准分数线下考虑存在认知功能障碍，需做进一步检查。

4. 评定结束后整理用物。

表 18-1　简明精神状态检查量表（MMSE）

项目		问题及指令
定向力	时间定向力	今年是哪一年？现在是什么季节？现在是几月份？今天是几号？今天是星期几？
	地点定向力	您住在哪个省？哪个县（区）？哪个乡（街道）？咱们现在在哪个医院？在第几层楼？
记忆力		告诉您三种东西，我说完后，请重复一遍并记住，待会还会问您
注意力和计算力		100–7=？连续减 5 次
回忆能力		现在请您说出我刚才请您记住的三种东西
语言能力	命名能力	出示手表，问这个是什么
	复述能力	我现在说一句话，请跟我清楚地重复一遍
	阅读能力	请您念出这句话，并按上面意思去做（例：闭上你的眼情）
	理解能力	我给您一张纸，请您按我说的去做，现在开始。用右手拿着这张纸，用两手将它对折起来，放在您的左脚上
	书写能力	请您写一个完整的句子
	结构能力	这里有一幅图，请你照上面图案画下来（图 18-1）  图 18-1　结构能力评估

四、注意事项

1. 检查者应有耐心，为确保准确性，评定常由一个人自始至终地进行，评定时间以不引起患者疲劳为度。

2. 在进行评定过程中，若受检者出现身体不适应及时终止评定，积极查找原因，给予相应的处理。

实训十九　吞咽功能障碍的评定

案 例

施某，男，67 岁，2011 年 9 月出现头晕，次日头晕加重伴有吞咽困难、呕吐、肢体抽搐、神志不清，急送医院，头部 CT 显示左侧小脑、脑干大片低密度影，诊断为脑梗死、继发性癫痫。经治疗后患者病情好转，神志转清，无肢体抽搐。目前患者右侧肢体活动不利，吞咽困难，音量低沉，为求进一步康复，于今日转入我院。

问题：如何评定患者的吞咽功能？

一、实训目的与要求

1. 素质目标

通过学习吞咽功能障碍的评定，理解吞咽困难与多种脑卒中并发症的关系，强调吞咽困难的早期诊断、早期评定、早期治疗的必要性。

2. 知识目标

掌握吞咽功能障碍的评定方法和评定时的注意事项。

3. 技能目标

学会运用饮水吞咽试验对吞咽功能障碍进行评定。

二、实训前准备

1. 环境

光线充足，通风良好，室温 22～25℃，湿度适宜，地面干净、防滑。

2. 物品准备

治疗凳、治疗床、治疗桌、量杯、秒表、茶匙、饮用温水。

3. 工作人员准备

工作服干净整洁，妆容素雅，长发束扎，手部清洁，修剪指甲，勿佩戴饰物。

三、评定流程

1. 了解受检者的临床情况，根据饮水吞咽试验的适应证或禁忌证，评估受检者的情况，与受检者沟通并取得其配合。

2. 向受检者解释或示范评定方法，告知其评估过程中的注意事项。

3. 受检者先取卧位，让受检者喝一茶匙温水。如不能完成，结束评定。

4. 如能完成第 3 步，则受检者改坐位，用量杯取 30ml 温水，嘱受检者饮用。

5. 检查者注意观察受检者饮水经过，并记录所用时间。

6. 根据评定标准判断受检者吞咽功能障碍的程度。①受检者一饮而尽无呛咳为功能正常，若 5 秒以上喝完为吞咽功能可疑；②两次以上喝完无呛咳为吞咽功能可疑；③一次喝完有呛咳为吞咽功能异常；④两次以上喝完有呛咳为吞咽功能异常；⑤呛咳多次发生不能将水喝完为吞咽功能异常。

7. 评定结束后整理用物。

四、注意事项

1. 饮水吞咽试验要求受检者意识清楚并能够按照指令完成试验。
2. 评定中严格观察受检者的情况，避免呛咳。

实训二十　疼痛的评定

案例

王某，男，52岁，右肩疼痛2个月，诊断为右肩周炎，治疗后症状好转，昨日受凉后症状加重。目前患者右肩疼痛伴活动障碍，为求继续治疗及进一步康复，于今日转入我院。

问题：如何评定患者的疼痛？

一、实训目的与要求

1. 素质目标

通过学习疼痛的评定，理解疼痛对身心健康的危害，引导学生关心和理解患者。

2. 知识目标

掌握疼痛的评定方法和评定时的注意事项。

3. 技能目标

学会对疼痛患者进行评定。

二、实训前准备

1. 环境

光线充足，通风良好，室温22～25℃，湿度适宜，地面干净、防滑。

2. 物品准备

治疗凳、治疗床、白纸、尺子、中性笔。

3. 工作人员准备

工作服干净整洁，妆容素雅，长发束扎，手部清洁，修剪指甲，勿佩戴饰物。

三、评定流程

1. 检查者仪表端庄，衣帽整洁，了解受检者的情况，向受检者讲解评定内容和注意事项，取得受检者的配合。

2. 根据疼痛评级指数依次评估受检者疼痛的感觉、疼痛伴随的情感。

3. 用视觉模拟评分法（VAS）对受检者的疼痛情况进行视觉疼痛评分。

（1）直线法：在白纸上或尺子上画一条10cm长的直线，分别对应0～10分，0分一端标为无痛，10分一端标为最痛，受检者根据自己对疼痛的感觉，用手指或笔画出表示疼痛程度的记号。

评定结果：0～2分为“优”，3～5分为“良”，6～8分为“可”，大于8分为“差”。

（2）数字评分法（NRS）：将疼痛程度用0～10这11个数字表示。0表示无痛，10表示疼痛剧烈，难以忍受。受检者根据个人疼痛感受在其中一个数字上做标记，描述过去24

小时内最严重的疼痛。

评定结果：0 分无痛，1～3 分轻度疼痛（不影响睡眠），4～6 分中度疼痛，7～9 分重度疼痛（不能入睡或者睡眠中痛醒），10 分剧痛。

4. 评定后整理用物。

四、注意事项

1. 评定前需要向受检者解释评估方法，让受检者理解该方法的意义以及此法测出的疼痛程度与真正疼痛的关系。

2. 直线法不宜用于老年人和感知直线、准确标定能力差者。

3. 应提醒受检者尽量准确标记，避免随意标记影响评分结果。

实训二十一　压力性损伤（压疮）的评定

案例

患者，男，34岁，2011年11月车祸造成头部损害，昏迷。MRI显示左颞顶脑软化，局限性脑萎缩。诊断为脑外伤、右侧偏瘫。经治疗患者神志转清。目前患者右侧肢体活动不利，腰骶部压力性损伤形成，为求继续治疗及进一步康复，于今日转入我院。

问题： 如何对患者的压力性损伤进行评定？

一、实训目的与要求

1. 素质目标

通过学习压力性损伤的评定，引导学生理解和关爱患者。

2. 知识目标

掌握压力性损伤的好发部位，以及压力性损伤的分级、分期的评定标准。

3. 技能目标

学会对压力性损伤进行评定，并根据结果判断压力性损伤的分级和分期。

二、实训前准备

1. 环境

光线充足，通风良好，室温22～25℃，湿度适宜，地面干净、防滑。

2. 物品准备

治疗凳、治疗床、屏风。

3. 工作人员准备

工作服干净整洁，妆容素雅，长发束扎，手部清洁，修剪指甲，勿佩戴饰物。

三、评定流程

1. 评估受检者的合作程度，向受检者解释评定的目的和方法，取得受检者配合。

2. 应用布雷登（Braden）压疮危险因素预测量表或诺顿（Norton）量表对受检者发生压力性损伤的危险性进行评定。

3. 充分暴露受检者评定部位，观察皮肤情况。

4. 判断压力性损伤的分型。

5. 根据美国压疮协会压疮分期对压力性损伤进行分期（表21-1）。

6. 根据皮肤受损情况对压疮进行分期的评定。

7. 评定结束后整理用物。

表 21-1　美国压疮协会压疮分期

评定分期	评定标准
Ⅰ期	局部皮肤完整，有指压不变白的红肿
Ⅱ期	损害涉及皮肤表层或真皮层，可见皮损或水疱
Ⅲ期	损害涉及皮肤全层及皮下脂肪交界处，可见较深创面
Ⅳ期	损害涉及肌肉、骨骼或结缔组织（肌腱、关节、关节囊等）
可疑深部组织损伤期	局部皮肤完整，呈紫红色或黑紫色，或有血疱
不可分期	全皮层缺损，伤口床被腐肉和焦痂覆盖

四、注意事项

1. 应选择有适宜的温度和光照的评估环境。
2. 评定时注意保护受检者隐私，用床帘或屏风遮挡。

参 考 文 献

王玉龙，张秀花，2014. 康复评定技术. 2 版. 北京：人民卫生出版社
王玉龙，周菊芝，2019. 康复评定技术. 3 版. 北京：人民卫生出版社
张秀花，2014. 康复评定技术实训指导与学习指导. 北京：人民卫生出版社
诸毅晖，2008. 康复评定学. 上海：上海科学技术出版社